DENKEN OVE

# DE ERFENIS VAN DUILIUS

EERDER VERSCHENEN VAN DEZE AUTEUR:

*Keizers sterven niet in bed* (2001)

*Gladiatoren* (2003)

*Vercingetorix* (2004)

*Wagenrennen* (2004)

*Macht zonder grenzen* (2005)

*Vreemd volk* (2007)

*De oudheid is nog niet voorbij* (2007)

*Bejubeld en verguisd* (2008)

*De Middellandse Zee* (2010)

*Paulus* (2012)

*Twee steden* (2013)

*Muren van alle tijden* (2014)

FIK MEIJER

# Denken over Carthago. De erfenis van Duilius

HUIZINGA-LEZING 2014

Elsevier Boeken

Eerste druk: december 2014



Redactie: Tonny van Winssen

Register: Lennaert Lubberding

Omslag: Peter ter Mors

Boekverzorging: jooZt Mattheij

Op het omslag: fragment van de *Columna Rostrata C. Duilii,* de overwinningszuil die na de slag bij Mylae (260 v.Chr.) werd opgericht ter ere van Gaius Duilius. Het bevindt zich in de Musei Capitolini in Rome.

Foto auteur: Inge van Mill

Druk: Wilco, Amersfoort

Elsevier Boeken, Postbus 152, 1000 AD Amsterdam

Bestellen: www.elsevier.nl/boeken

ISBN: 97890352 5201 1

NUR: 683

## INHOUD

FIK MEIJER

# Denken over Carthago. De erfenis van Duilius

HUIZINGA-LEZING 2014

In de lente van 1926 reisde de Leidse hoogleraar Algemene Geschiedenis Johan Huizinga op uitnodiging van de Rockefeller Foundation enkele maanden door Amerika. Het was zijn eerste bezoek aan dat reusachtige land, waaraan hij acht jaar eerder al een boek, *Mensch en menigte in Amerika. Vier essays over moderne beschavingsgeschiedenis,* had gewijd. Onderweg probeerde de historicus nieuwe verklaringen te vinden voor de snelle opgang van Amerika en daar lessen voor de toekomst uit te trekken. Wat zijn belevenissen in hem losmaakten is te volgen in het dagboek dat hij heeft bijgehouden.[1]



Aanvankelijk had hij het niet echt naar zijn zin. De toon van de aantekeningen is in de eerste maand zelfs overwegend negatief. New York vindt hij een stad met een wancultuur, de steden aan de oostkust zijn lelijk, Baltimore zelfs heel erg lelijk, en de zo geroemde rivier de Hudson is veel minder breed dan de Schelde. Het gemopper gaat nog even door, maar geleidelijk begint hij enig begrip te krijgen voor dat land met die andere beschaving. Op zeker moment krijgt hij oog voor al het nieuwe dat daar van de grond komt en wordt hij enthousiaster. Op 9 mei schrijft hij: 'Ik geef mij van dag tot dag meer aan Amerika gewonnen.' Zijn eindoordeel is echter niet onverdeeld positief: 'Ik ontmoet veel geschikte, actieve, levendige mensen, die wat willen en wat doen. Toch overweegt mijn indruk: Ik zou hier niet graag willen wonen, en telkens komt de twijfel op of het alles wel zo belangrijk is, wat hen hier vervult.' Amerika wekte bij hem wel nieuwe hoop op de toekomst.[2]

## Huizinga en Polybius



Tijdens zijn rondreis heeft Huizinga enkele lezingen aan universiteiten gehouden. In een daarvan, 'Individualism and Association in America' komt hij er eerlijk voor uit dat hij zich enigszins ongemakkelijk voelt bij de gedachte dat hij, een buitenstaander, de Amerikanen moet vertellen over hun geschiedenis. Tegelijk verdedigt hij zich tegen degenen die van mening zijn dat je een land eerst goed moet hebben gezien voordat je erover kunt schrijven. Hij betoogt dat zo'n uitgangspunt zal leiden tot een sterke verenging van het historische bedrijf. De ooggetuige ziet wat hem wordt voorgeschoteld, niet wat in het verleden heeft plaatsgevonden. Daar kan een historicus nu eenmaal niet bij zijn geweest. Voor Huizinga is het een gradueel verschil of je schrijft over het recente verleden of over lang vervlogen tijden. Hij duikt dan in de geschiedenis en noemt als voorbeeld van een historicus die zowel over het recente als het verre verleden heeft geschreven de Romein Livius.[3]

Die keuze is op het eerste gezicht niet zo vreemd. Livius schreef een geschiedenis van Rome vanaf de stichting van de stad tot zijn eigen tijd. In 142 boeken behandelt hij een tijdvak van ruim 750 jaar. Tot zover is het volledig te billijken dat Huizinga Livius noemde. Maar als we diens positie in Rome vergelijken met die van de Nederlandse historicus in Amerika, is de keuze minder vanzelfsprekend. Livius was geboren in Italië en onderhield in Rome contacten met personen uit de hoogste politieke kringen rond keizer Augustus. Bovendien waren zijn oogmerken niet die van Huizinga. Livius vertelde verhalen vol dramatiek over de grote helden van Rome. Op basis van orale tradities en oude jaarboeken gaf hij een meeslepende weergave van het optreden van zijn hoofdpersonen. Zij kregen bijna mythische proporties. Ze pasten in zijn plan om zijn lezers te wijzen op de grootheid van het vroege Rome, die in zijn tijd verloren was gegaan. Daar ligt zijn kracht, maar tegelijk ook zijn zwakte. In het verlangen zijn vaderlandsliefde te laten doorklinken, botst hij met de door velen gehuldigde en door Cicero uitgesproken opvatting dat geschiedschrijving niet alleen getuigenis moet afleggen van het verleden, maar ook de waarheid moet belichten.[4] Livius lijkt de feiten soms te vervormen, uit overdreven patriottisme. Het heeft hem het verwijt opgeleverd dat hij te chauvinistisch is geweest en te veel vanuit het Romeinse perspectief heeft geschreven. Hij zou zich te weinig hebben ingeleefd in de tegenstanders van de Romeinen.



Waarom noemde Huizinga niet een andere Romeinse geschiedschrijver? Sallustius of Tacitus bijvoorbeeld? Een van die twee was zeker een gelukkiger keuze geweest, want zij stonden dichter bij hem dan Livius. Maar ook zij keken met Romeinse ogen naar de geschiedenis. Als Huizinga een historicus had willen noemen die uitgebreid over Rome heeft geschreven en wiens werk een gelijkenis met dat van hem vertoonde, had hij naar mijn mening Polybius moeten kiezen.[5] Die geschiedschrijver bezat net als hij de gave om losse gegevens tot een geheel te verbinden, zodat er een consistent beeld van het verleden ontstond. Ook hij hoopte dat de geschiedenis voorbeelden zou bieden en een bron van inspiratie zou zijn.[6] Maar er is nog een overeenkomst. Huizinga trok als Europeaan door Amerika en verwonderde zich daar over wat er allemaal in dat verre land gebeurde; de Griek Polybius zag de veranderingen die zich in Rome voltrokken en legde die vast.



De redenen waarom beiden ver van huis zicht wilden krijgen op de politiek en het maatschappelijk leven van de stad of staat waarin zij zich bevonden, waren wel van heel andere aard. Huizinga reisde op uitnodiging door Amerika, Polybius was niet uit vrije wil in Rome. Hij was in circa 200 v. Chr. in Megalopolis (in Griekenland) geboren en was voorbestemd voor een politieke carrière in zijn vaderstad. De politieke ontwikkelingen van de tweede eeuw v. Chr. zouden zijn levensloop echter drastisch veranderen. De Romeinen waren op oorlogspad en behaalden de ene overwinning na de andere. In 168 v. Chr. moesten de Macedoniërs eraan geloven. Alle Griekse steden en statenbonden die in die strijd niet onvoorwaardelijk trouw aan Rome hadden gezworen, werden gestraft. Zo verging het ook de steden van de Achaeïsche Bond. Een jaar na de nederlaag werden duizend mannen als gijzelaars mee naar Italië genomen. Een van hen was Polybius. Hij werd ondergebracht in Rome, waar hij het geluk had in contact te komen met de vooraanstaande familie van de Cornelii en bevriend raakte met een jonge telg uit dat vooraanstaande geslacht: Scipio Aemilianus. Via de Cornelii kreeg hij toegang tot andere aanzienlijke families. Hij kon gaan en staan waar hij wilde en gesprekken aanknopen met Romeinen uit alle standen en leden van gezantschappen die Rome bezochten.

**Verklaringen**

Polybius' intenties om zijn Romeinse impressies te verwerken gingen verder dan die van Huizinga, voor wie de reis naar Amerika toch vooral een kortstondig intermezzo was. Polybius' omvangrijke wereldgeschiedenis – zijn levenswerk – moest een antwoord geven op de vraag hoe het mogelijk was dat Rome zich van een kleine stad aan de Tiber had ontwikkeld tot het centrum van een immens imperium. Het was hem niet genoeg alleen het verhaal te vertellen, hij wilde verklaringen geven. De mensen moesten lering trekken uit de geschiedenis die hij in al haar facetten ging beschrijven, want volgens hem heeft niets zo'n opvoedkundige waarde als geschiedschrijving. De herinnering aan onverwachte tegenslagen die anderen hebben getroffen is, zo schrijft hij, 'de enige en meest levendige leermeesteres die ons in staat stelt de wisselvalligheden van het Lot te dragen'.[7] Vooral de Grieken met hun rijke geschiedenis moesten iets kunnen opsteken van de manier waarop Rome uitgroeide tot een wereldmacht.



Ze moesten bijvoorbeeld leren hoe bij de Romeinse machtsuitbreiding de verering van de goden een belangrijke rol vervulde. De Romeinen waren ervan overtuigd dat zij hun overwinningen te danken hadden aan hun plichtsbetrachting jegens de goden, die hen daarvoor beloonden met een 'rijk zonder grenzen'. Juist omdat ze zich koesterden in de bescherming van de goden, meenden de Romeinen algauw dat ze konden spreken van 'rechtvaardige oorlogen'.

Polybius laat tevens zien hoe de Romeinse elite met behulp van hun religie het volk in toom wist te houden. Ik citeer:

'Iets wat bij andere mensen wordt afgekeurd vormt volgens

mij juist een bindende kracht in de Romeinse staat: het bijgeloof. Dat is bij hen zo'n imposante rol gaan spelen en zozeer deel gaan uitmaken van het particuliere en publieke leven dat men het belang ervan niet kan overschatten. Het zal op veel mensen dan ook een verbazingwekkende indruk maken. Naar mijn mening hebben de Romeinen deze praktijken ontwikkeld met het oog op de massa. Als het mogelijk zou zijn een staat van louter verstandige mensen te stichten, zou zoiets misschien helemaal niet nodig zijn. Maar de massa is nu eenmaal altijd grillig, vervuld van bandeloze verlangens, redeloze woede en gewelddadigheid. Daarom rest geen andere mogelijkheid dan de massa's in toom te houden met angst voor het onzienlijke en dergelijke dramatische voorstellingen.'[8]



Polybius schrijft in lovende bewoordingen over de staatsvorm van Rome: de gemengde constitutie. Voor hem is dat de ideale regeringsvorm, een waarborg voor stabiliteit, omdat monarchistische, aristocratische en democratische elementen samengaan in de vorm van consuls, senaat en volksvergadering. Er is geen sprake van een vermenging van bevoegdheden, maar de drie geledingen houden elkaar in evenwicht, zodat revolutionaire omwentelingen uitblijven. Polybius spreekt over de zegeningen van deze constitutie, die er naar zijn mening toe heeft bijgedragen dat de Romeinen zich hebben kunnen onderscheiden.

**Eerste visie op Carthago**

Over het grote Carthago, in zijn tijd de aartsvijand van Rome, heeft Polybius veel minder te vertellen. Voor een enigszins realistisch beeld van deze stad aan de overkant van de Middellandse Zee moeten we ons baseren op diverse bronnen uit verschillende tijden. Ze schetsen een diffuus portret van een stad die was gesticht door kolonisten uit de Phoenicische stad Tyrus. Ze waren in hun ranke galeien langs de kusten van Noord-Afrika gevaren en hadden verscheidene nederzettingen ingericht, waaronder in 814 v. Chr. Carthago. De later in omloop gekomen stichtingsmythe heeft Elissa, door de Romeinen Dido genoemd, letterlijk de grondlegger van Carthago gemaakt. Zij was Tyrus ontvlucht nadat haar echtgenoot was gedood door haar jaloerse broer Pygmalion. Van de plaatselijke Numidische vorst zou zij een stuk land ter grootte van een runderhuid hebben gekregen. Ze sneed de huid in lange, dunne repen en legde die uit langs de heuvel Byrsa. Zo zou Carthago zijn ontstaan.



Toen Polybius zijn *Historiën* schreef, had Carthago een geschiedenis van ruim zes eeuwen achter zich. Het grootste deel daarvan werd de stad geregeerd door een oligarchie van enkele vooraanstaande aristocratische families. De leiding was in handen van twee, telkens voor één jaar gekozen, suffeten die gecontroleerd werden door een senaat. Een volksvergadering was er wel, maar die speelde nauwelijks een rol van betekenis. De bloeitijd was al lang voorbij. De Romeinen hadden al twee oorlogen gewonnen en wachtten op het moment waarop ze de stad definitief konden uitschakelen.

Polybius was er in 146 v. Chr. persoonlijk getuige van hoe het onherroepelijke einde van Carthago gestalte kreeg. Het Romeinse leger doodde duizenden inwoners, talloze anderen werden in slavernij weggevoerd en de stad werd een groot ruïneveld. Polybius doet er indrukwekkend verslag van. Toen hij de verwoesting van Carthago aanschouwde, was hij zich bewust van het historische belang van deze gebeurtenis. Zijn uitgangspunt dat de geschiedenis lessen voor de toekomst leert, komt naar voren in zijn weergave van de emotionele reactie van zijn vriend Scipio Aemilianus, de Romeinse opperbevelhebber:

Toen Scipio bij die gelegenheid de stad haar totale ondergang tegemoet zag gaan, begon hij zegt men te huilen. Hij vergoot de tranen kennelijk om zijn vijanden. Lange tijd bleef hij in gedachten verzonken, zich realiserend dat steden, volkeren en rijken zonder uitzondering, net als mensen aan de wisselingen van het hun toebedeelde lot zijn onderworpen. Zo was het Troje vergaan, dat eens een welvarende stad was, zo was het de Assyriërs en de Meden vergaan en het Perzische rijk, dat daarna het grootst was geweest, evenals het Macedonische, dat nog maar kort geleden zo'n schitterende bloei had gekend. Daarop zei hij, doelbewust of omdat het citaat hem onwillekeurig over de lippen kwam:

> *'Eens komt de dag waarop het heilige Troje teloor gaat*
> *En waarop Priamus valt en speervechter Priamus' krijgsvolk.'*[9]
>
> *Polybius vroeg hem op de man af (hij was namelijk Scipio's leraar) waarop hij met die uitspraak doelde. Daarop noemde Scipio onomwonden de naam van zijn eigen vaderstad, waarvoor hij bevreesd was, wanneer hij dacht aan het lot van de mens.*[10]
>
> (vertaling: Wolther Kassies)

Het zijn indrukwekkende woorden van een geschiedschrijver

die het noodlottige einde van de grote stad Carthago min of meer bestempelde als het lot van alle wereldsteden met imperialistische intenties. Ook van Rome, dat evenmin aan de onafwendbare kringloop van opkomst, bloei en verval zou ontkomen.[11]

**Opgang naar de heerschappij**

Zoals zo vaak in de geschiedenis konden de overwinnaars over de verslagenen beweren wat ze wilden. De Romeinen hebben vooral de punten waarop zij en de Carthagers zich van elkaar onderscheidden, beklemtoond en uitvergroot. Ze gingen ver terug in de geschiedenis, naar de tijd toen zowel Carthago als Rome streefde naar de heerschappij. 'Land' en 'zee' zijn daarbij de trefwoorden.



De Romeinen hadden in de vijfde en de vierde eeuw Italië veroverd met goedgetrainde legers van legioensoldaten die een reputatie hadden van vasthoudendheid en volharding. De gewone burgers waren bereid om hun plichten als soldaat te vervullen, de leden van de elite waren vervuld van verlangen naar roem en eer, dat hen naar steeds nieuwe oorlogen dreef. Rome werd groot door 'landoorlogen'. Van een substantiële bijdrage van een vloot was geen sprake. Pas in de vierde eeuw v. Chr. bracht hun expansiepolitiek de Romeinen in Zuid-Italië in aanraking met de Griekse steden aldaar, die beschikten over vloten met verschillende typen oorlogsschepen: triremen ('drieriemers'), quadriremen ('vieren') en quinqueremen ('vijven') – de standaardgaleien van de grote vloten in de mediterrane wereld.[12]

Hun nautische tekortkomingen baarden hun aanvankelijk nog niet echt zorgen, want de veroveringen in Italië gingen gewoon door. Napels kon in 326 v. Chr. nog worden ingenomen zonder dat er een schip aan te pas kwam. Maar in 311 v. Chr. vond men het toch raadzaam om speciale beambten aan te stellen die moesten nadenken over de inrichting van een vloot. Het leidde niet onmiddellijk tot een omvangrijk scheepsbouwprogramma. Niet meer dan twintig triremen werden er te water gelaten, geen indrukwekkend aantal voor een stad als Rome, met op dat moment vermoedelijk al bijna tachtigduizend inwoners. De zee bleef voor de Romeinen een vreemd element, zoals bleek toen in 282 v. Chr. de helft van hun kleine vloot door oorlogsschepen uit Tarente op volle zee werd aangevallen en tot zinken gebracht. Ernstige gevolgen had deze nederlaag niet, want de goedgetrainde Romeinse legioenen compenseerden het gebrek aan slagkracht van de vloot. Rond 270 v. Chr. beheerste Rome geheel Italië.



De zeevarende volkeren namen de Romeinse vlootactiviteiten niet echt serieus. Zeker de Carthagers niet. In de traditie van hun Phoenicische voorouders hadden zij zich ontwikkeld tot echte zeevaarders. Op hun beurt hadden ze op de kusten van het westelijk deel van de Middellandse Zee weer nieuwe kolonies gesticht. Geleidelijk hadden ze een netwerk van nederzettingen opgebouwd vanwaar ze de omgeving controleerden en handel dreven. Wellicht koesterden ze de hoop ooit de hele Middellandse Zee te kunnen beheersen. Hun landleger kreeg veel minder aandacht. De infanterie werd verwaarloosd, aan de ruiterij werd slechts geringe zorg besteed. Terwijl de Romeinen burgers opriepen voor hun legioenen, maakten de Carthagers gebruik van de diensten van huurlingen.[13]

Deze politiek pakte lange tijd goed uit voor Carthago. Dankzij de inkomsten uit handel en nijverheid groeide de stad gestaag, en in het begin van de derde eeuw v. Chr. woonden er meer dan driehonderdduizend mensen binnen de stadsmuren. Grote pleinen, brede en smalle straten die daarop uitliepen en monumentale bouwwerken getuigden van welvaart. Hoogteverschillen in het grondpatroon werden met grote trappen overbrugd. De huizen waren aanvankelijk eenvoudige lage bouwsels, later werden er ook gebouwen van meer dan vier verdiepingen neergezet. De handelshaven en de ronde oorlogshaven met plaats voor meer dan 170 galeien waren befaamd. Buitenlandse zeelieden spraken er met respect over, ook al was hun de toegang tot de oorlogshaven ontzegd. Heel indrukwekkend was de hoge burcht Byrsa, met in het midden een tempel voor de god Eschmun, een van de vele goden die de Phoeniciërs uit Tyrus hadden meegenomen. De tempels voor de goden Ba'al Hammon en Tanit stonden meer in de buurt van de haven.[14]



**De Eerste Punische Oorlog (264-241 v. Chr.)**

De Carthagers noch de Romeinen kunnen hebben vermoed dat ze door een wonderlijke samenloop van omstandigheden verwikkeld zouden raken in een oorlog waaruit geen weg meer terug was. Twistpunt was Messina, de noordelijkste stad van Sicilië, die was bezet door de Mamertijnen, voormalige Campaanse huurlingen uit het leger van Hiëro, de tiran van Syracuse. Toen Hiëro de stad aanviel, deden de Mamertijnen een beroep op de Carthagers. Zij kwamen, verdreven Hiëro en bezetten de burcht van Messina, maar ze gingen na hun geslaagde missie niet meer weg. Nu wendden de Mamertijnen zich tot de Romeinen, die na lang aarzelen tot actie overgingen. De angst dat de Carthagers, die al geruime tijd heersten over het westelijk deel van Sicilië, zich meester zouden maken van Messina en vervolgens zouden oversteken naar Italië, gaf de doorslag.

Van meet af aan was duidelijk dat het een vreemde oorlog zou worden, omdat twee onvergelijkbare grootmachten het tegen elkaar opnamen. De Romeinen waren er zeker van dat hun superieure legereenheden de overwinning zouden behalen; de Carthagers vertrouwden op hun vloot. Aanvankelijk ervoeren de Romeinen het gemis van een goede vloot niet als een tekortkoming, want bij de eerste confrontatie – de succesvolle belegering van Agrigentum in 262-261 v. Chr. – kwam er geen schip aan te pas. Maar daarna stokten de veroveringen. Het Romeinse leger stond machteloos bij de belegering van de andere kuststeden, die beschermd werden door sterke muren. Hun voorraden konden over zee worden aangevoerd. Toen de Carthagers tegenmaatregelen overwogen en de kusten van Italië naderden, werd de situatie zelfs penibel. Wilden de Romeinen de oorlog tot een goed einde brengen, dan moesten ze een vloot bouwen, zo sterk dat ze die van de Carthagers ermee in toom konden houden.



Het is verbazingwekkend hoe snel ze dat voor elkaar kregen. Binnen zes maanden stationeerden ze 120 nieuwe oorlogsschepen in de havens van de Griekse steden in Zuid-Italië. Polybius prijst de Romeinen omdat ze de strijd aanbonden met de heersers van de zee, maar kan haast niet geloven dat ze op eigen kracht een vloot met de meest gangbare scheepstypes hebben gebouwd. Het toeval zou volgens Polybius een belangrijke rol hebben gespeeld. Ze zouden een aan de grond gelopen Carthaags oorlogsschip, een quinquereme, in handen hebben gekregen en door Griekse scheepsbouwers hebben laten nabouwen.[15] Vermoedelijk hebben de Romeinen zelf het initiatief genomen en scheepsarchitecten in diverse Griekse steden in Zuid-Italië hebben opgedragen om oorlogsschepen te bouwen.

**De Slag bij Mylae**

In 260 v. Chr. konden de Romeinen in de wateren rond Sicilië beschikken over een oorlogsvloot van honderd quinqueremen en twintig triremen. Meer dan dertigduizend roeiers waren aangeworven in heel Italië, vooral in de Griekse steden in het zuiden. Zij hadden een intensief trainingsprogramma gevolgd. Het tekent de durf van de Romeinen dat ze met deze inderhaast bijeengebrachte vloot de strijd aanbonden met de Carthagers. De kans op succes leek niet al te groot. Waarom dan toch zo'n risicovol avontuur?



Hier dringt de vergelijking met Sparta zich op. In de vijfde eeuw v. Chr. hadden de Atheners en de Spartanen elkaar lang bevochten in de Peloponnesische Oorlog (431-404 v. Chr.). Ook toen ging het om een staat, Athene, die een maritiem imperium nastreefde en de oorlog begon met een vloot die in de Griekse wereld zijns gelijke niet kende. De roeiers hadden een jarenlange training achter de rug. Hun tegenstanders beschikten nauwelijks over een toereikende vloot. Zij moesten daarvoor vertrouwen op de kunde van hun bondgenoten. Ook toen was de uitslag van de oorlog niet te voorspellen geweest. Tot hun eigen verbijstering hadden de Atheners, meesters in tactische manoeuvres op zee, het uiteindelijk moeten afleggen tegen de Spartanen, ook in zeeslagen. Eerst in 413 v. Chr. op Sicilië, waar een coalitie van Spartanen, Corinthiërs en Syracusanen de Atheense vloot voor de kust van Syracuse de baas was, en negen jaar later nog eens bij Aegospotamoi aan de kust van de Thracische Chersonnesos.[16]

Ik kan mij niet aan de indruk onttrekken dat de Romeinen, die veel waardering hadden voor de staatsvorm en de militaire prestaties van de stadstaat op de Peloponnesus, het voorbeeld van de Spartanen voor ogen hadden toen ze op zee de confrontatie met de Carthagers aangingen. Als het kleine Sparta een tegenstander op zijn specialiteit kon uitdagen en uiteindelijk verslaan, dan moest het grotere Rome dat toch ook kunnen?

Polybius doet op sobere wijze verslag van het verloop van de strijd.[17] De eerste schermutselingen eindigden voor de Romeinen niet direct hoopgevend. De Romeinse consul Gnaeus Cornelius Scipio werd in de haven van Lipara door een Carthaagse vlooteenheid ingesloten en gaf zich over. Op dat moment had de Romeinse vloot geen bevelhebber meer en leek een zeeoorlog tegen de Carthagers een heilloze onderneming. Hier verschijnt Gaius Duilius in beeld. Hij was de andere consul en voerde het bevel over de landstrijdkrachten. Toen hem werd gevraagd het commando van de vloot op zich te nemen, zal hij zeker hebben geaarzeld, want hij moet hebben geweten dat hem een ondankbare taak wachtte.[18] Wat kon hij als onervaren admiraal uitrichten tegen de Carthaagse vlootvoogden, die door de wol geverfd waren en er geen moment aan twijfelden dat zij een glansrijke overwinning zouden behalen? Toch nam hij het commando op zich. Vermoedelijk liet hij zich daarbij adviseren door Griekse deskundigen.

Bij Mylae, een stadje op een schiereiland aan de noordkust van Sicilië, stuitten de Romeinse en de Carthaagse vloten op elkaar, ongeveer 130 schepen van de Carthagers tegenover iets minder dan honderd Romeinse schepen. De uitslag leek van tevoren vast te staan. De Carthaagse admiraal Hannibal, niet te verwarren met zijn grote naamgenoot uit de Tweede Punische

Oorlog (218-201 v. Chr.), verwachtte dat hij een vloot van traditionele schepen tegenover zich zou vinden, maar de werkelijkheid was anders: de Romeinen hadden op hun schepen een geheim wapen opgesteld: de *corvus* ( 'raaf'), een enterbrug. Op de voorsteven van elk schip was een ronde paal opgericht van ruim 7 meter lang. Aan de top daarvan was een katrol bevestigd en aan de voet een loopbrug die op de vijandelijke schepen kon worden neergelaten. De mariniers konden zo op het vijandelijke schip overspringen.

De Carthaagse matrozen roeiden, vol minachting voor de 

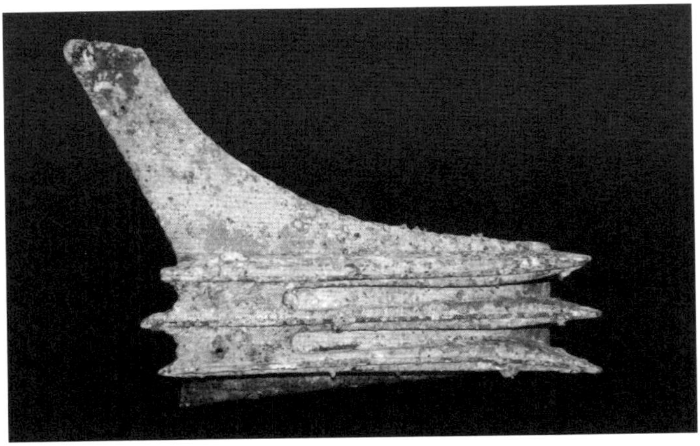

Een Punische scheepsram uit de Eerste Punische Oorlog. De ingekerfde inscriptie van Punische letters bestaat uit één regel met 35 letters en vertoont sterke gelijkenissen met bijbels Hebreeuws in zowel de namen als de werkwoorden. Het is een bezweringsinscriptie met een bede aan de god Ba'al: 'Laat deze (ram) gericht zijn tegen het schip: met (de) woede (van) Ba'al, (de god) die het doel laat bereiken, laat deze gaan en het beslagen schild in het midden raken.'

onervarenheid van de Romeinen, in gesloten formatie op naar de vijandelijke vloot. Zelfs toen ze de enterbruggen ontwaarden, kregen ze nog niet echt argwaan. Zelfverzekerd voeren ze op de voorste Romeinse schepen af. Pas toen de eerste pinnen zich in hun schepen vastzetten en goed bewapende mariniers op hun schepen verschenen, werden ze bevangen door twijfel. De zeeslag was een landgevecht geworden, en daarin achtten de Romeinen zich onverslaanbaar.

Het was echter te laat om het gevecht een andere wending te geven, het leed was al geschied. Vele Carthagers werden gedood, talloze anderen gaven zich over. Eenendertig schepen gingen verloren. Maar nog altijd dacht de Carthaagse admiraal dat hij de strijd kon winnen. Hij liet de bemanningen een doorbraak door de vijandelijke linies uitvoeren. Maar de Romeinen verdedigden zich door hun enterbruggen in alle richtingen te laten ronddraaien en op de vijandelijke linies te laten neerkomen. Zo verloren de Carthagers nog eens twintig schepen.



Gaius Duilius heeft de eer gekregen die hem toekwam. Velen in Rome spraken hun bewondering uit voor de manier waarop hij de ervaren Carthagers op zee een lesje had geleerd. De Romeinse senaat verleende hem het recht om een *triumphus* te houden. Het werd de eerste triomftocht als beloning voor een overwinning in een 'zeeoorlog', voor het eerst liepen er Carthagers mee in de lange stoet van overwinnaars en overwonnenen. Er werd een herdenkingszuil voor hem opgericht, een *columna rostrata*. Op het voetstuk van de zuil, die is versierd met scheepsrammen, worden zijn bijzondere prestaties uitgebreid vermeld. Iedere Romein die het monument passeerde, kon lezen dat Gaius Duilius schepen had uitgerust voor een zeegevecht en bemanningen aan een geducht trainingsprogramma had onderworpen. Naast de eenendertig schepen van de Carthagers die hij had buitgemaakt, had hij er ook nog dertien tot zinken gebracht.[19] Bovendien kreeg hij het recht om telkens als hij van een diner naar huis terugkeerde zich te laten begeleiden door een dienaar met een brandende toorts en een fluitspeler.[20]

Waarom zo'n lange uitweiding over de zeeslag bij Mylae en de eerbewijzen voor Duilius, terwijl Polybius zich beperkt tot de hoofdlijnen? 'Mylae' is naar mijn mening een van de belangrijkste triomfen uit de Romeinse geschiedenis geweest. Sommigen van u zullen nu de wenkbrauwen fronsen en opmerken dat het om een betrekkelijk kleine zeeslag gaat. In de volgende decennia heeft Rome wel voor hetere vuren gestaan in grotere militaire confrontaties, waarbij veel meer soldaten waren betrokken en nog grotere belangen op het spel stonden. Dat is ontegenzeggelijk waar, maar deze overwinning zie ik als een keerpunt met grote gevolgen. Een nederlaag had vrijwel zeker een voorlopig einde gemaakt aan de Romeinse imperialistische aspiraties. Het succes van Duilius was voor de Romeinen de stimulans die ze nodig hadden, en niet alleen om de oorlog op Sicilië met volle kracht door te zetten. De overwinning versterkte hun identiteit en ideologie. De Romeinen konden hun leefwijze vergelijken met die van de Carthagers en zo een verklaring vinden voor hun suprematie.



### Vergeten betekenis

Het zou boeiend zijn om te weten hoe de Romeinen onmiddellijk na 'Mylae' over de Carthagers dachten. Uitten ze toen al direct hun minachting voor een staat die zijn macht heel anders dan zijzelf had georganiseerd? Waren zij er toen al meteen van overtuigd dat na deze eerste overwinning op zee de weg naar de totale heerschappij openlag en brachten ze toen al verhalen over de Carthagers in omloop, die ze later nog eens extra hebben aangezet? Meenden de Carthagers op hun beurt dat hun heerschappij op zee voorbij was of beschouwden ze de nederlaag als niet meer dan een smet op hun blazoen die weldra met een overwinning zou worden weggepoetst?

Polybius zal zich die vragen een eeuw later ook hebben gesteld, toen hij zijn verslag van de zeeslag bij Mylae, het vervolg van de Punische Oorlogen en de verdere machtsontplooiing van de Romeinen op papier zette. Een duidelijk antwoord kan hij niet geven, daarvoor is het Romeinse denkproces onmiddellijk na 'Mylae' te slecht gedocumenteerd. Alles is overschaduwd door de gebeurtenissen van de Tweede Punische Oorlog. De Carthager Hannibal had na zijn invasie van Italië in 218 v. Chr. de Romeinen aan de rand van de afgrond gebracht. Met de grootste moeite hadden die het tij kunnen keren. De overwinning van Scipio Africanus op de Carthagers bij Zama in 201 v. Chr. had de machtsverhoudingen definitief in het voordeel van de Romeinen veranderd. De Carthagers vormden geen militaire bedreiging meer en de Romeinen konden over hen beweren wat ze wilden. Alle negatieve kwalificaties die ze konden bedenken, werden op hen van toepassing verklaard. Het is alleszins begrijpelijk dat men hier de kiem legt van de laatdunkende propaganda van de Romeinen over de Carthagers, maar er wordt dan wel voorbijgegaan aan de Romeinse overwinning, die de Carthagers had beroofd van hun imago van onoverwinnelijkheid op zee. Ongetwijfeld zal Polybius hebben gezocht bij eerdere geschiedschrijvers, bij Naevius en Ennius wellicht, die over contemporaine informatie beschikten, en zal hij zijn licht hebben opgestoken bij senatoren uit vooraanstaande families, maar zijn naspeuringen hebben voor de derde eeuw v. Chr. geen adequate informatie opgeleverd.

**Land en zee, goed en kwaad**

Moeten we het hier dan maar bij laten? Ik doe een poging het gedachtepatroon van de Romeinen te reconstrueren zoals zich dat onmiddellijk na de zo succesvol verlopen zeeslag bij Mylae ontwikkelde. Het ligt voor de hand dat de Romeinen met- 
een duidelijk wilden maken dat ze iets bijzonders hadden verricht, en het is begrijpelijk dat ze benadrukten dat de nautische ervaring van de Carthagers het had afgelegd tegen de vasthoudendheid van hun eigen roeiers en mariniers. Ze hadden aangetoond dat een zeeoorlog minder voorbereiding vergde dan een landoorlog. Wat de Spartanen in het verleden hadden laten zien, hadden ze nu zélf bewezen. Angst voor de Carthaagse zeemacht was niet nodig.[21] Ze hoefden hun beleid niet aan te passen. Ze konden doorgaan op de weg die ze lang daarvoor waren ingeslagen.

Voor de Romeinen werd het gemakkelijk om alles wat de verslagen tegenstanders hoog in het vaandel voerden, te laken. Hun eigen leefwijze werd de maatstaf. Zij waren eerzame boeren die leefden van de landbouw. De zee was voor hen een wezensvreemd element. Voor de Carthagers was de zee juist een geliefde omgeving. Dankzij hun verbondenheid met de zee waren ze een grote mogendheid geworden en konden ze op grote schaal handel drijven. Maar daarmee is niet gezegd dat de in de ogen van de Romeinen eerzame landbouw en veeteelt onbelangrijk waren. Polybius verzet zich tegen de in zijn tijd door velen uitgedragen opvatting dat Noord-Afrika dor en droog was en dat daarom alles over zee moest worden aangevoerd. Hij laat weten dat de stad Carthago deels vanuit het omliggende gebied kon worden bevoorraad.[22]

In het begin zullen de diskwalificerende opmerkingen van de Romeinen nog gematigd zijn geweest, maar met het toenemen van de successen verdween hun terughoudendheid. Ze namen geen blad meer voor de mond. Weldra was iedere rechtgeaarde Romein ervan overtuigd dat de zee een negatieve invloed had gehad op de Carthagers. Vooral schrijvers en dichters die niets met de zee hadden en de landbouw als enige nobele activiteit verheerlijkten, deden van zich spreken. In het midden van de eerste eeuw v. Chr., toen Carthago al bijna een eeuw van de aardbodem was verdwenen, noemt Cicero, van wie bekend is dat hij een grote angst voor de zee en een groot wantrouwen jegens zeelieden koesterde, de Carthagers niet leugenaars en bedriegers van nature (elders beweert hij dat overigens wel), maar wegens de ligging van hun stad aan zee. In hun haven kwamen de Carthagers veelvuldig in contact met handelaars en reizigers uit alle landen. Zo ontwaakte in hen de zucht naar financieel gewin en de neiging om te bedriegen.[23] Deze zienswijze over de kwalijke invloed van de zee heeft Cicero vermoedelijk rechtstreeks ontleend aan Plato, die driehonderd jaar eerder in *De Wetten*, zijn weergave van de best realiseerbare staat, het volgende had geschreven:

> *Stel dat de stad te dicht bij de kust zou komen te liggen, over goede havens zou beschikken en geen gewassen van eigen bodem zou voortbrengen, maar voor vele producten aangewezen was op anderen, dan zouden een machtige redder en goddelijke wetgevers nodig zijn*

> *om, bij een zodanige natuurlijke gesteldheid, te voorkomen dat de staat een bonte verzameling van slechte gewoonten wordt [...]. Hoewel de nabijheid van de zee voor het leven van alledag aangenaam is, is de zee in werkelijkheid een smartelijke en kwalijke buur. Door de stad vol te stouwen met handelswaar uit verre streken en met producten van marskramers en door in de harten van mensen wispelturigheid en onbetrouwbaarheid te brengen maakt de zee de stad trouweloos en liefdeloos, niet alleen voor de eigen bewoners, maar eveneens voor alle andere mensen.*[24]



De leden van de Romeinse elite hebben altijd hoog opgegeven van hun waardensysteem, waarin de landbouw als de enige echt lofwaardige activiteit werd bestempeld. Er was nauwelijks ruimte voor andere sectoren, zoals handel en nijverheid. Die bleven onderontwikkeld, omdat de kapitaalkrachtige leden van de elite zich er verre van hielden. Winstbejag door middel van handel werd als oneervol beschouwd. Er was zelfs een wet, de *Lex Claudia*, die het Romeinse senatoren verbood om schepen met een groter laadvermogen dan driehonderd amforen in de vaart te houden. Die capaciteit werd voldoende geacht om de opbrengsten van hun landerijen te vervoeren.[25] Het kan geen toeval zijn dat die wet van kracht werd in 219-218 v. Chr., aan de vooravond van de Tweede Punische Oorlog. De *Lex Claudia* kan worden opgevat als een signaal aan iedereen: de Romeinse senatoren mochten zich niet verlagen tot het niveau van de leden van de vooraanstaande families in Carthago, die de combinatie van landbouw en handel nooit hadden geschuwd.[26]

### Carthaagse twijfels

Voor de Carthagers was de verloren zeeslag bij Mylae een traumatische ervaring, die een langdurig effect heeft gehad, tijdens en na de Eerste Punische Oorlog. Hoewel ze de Romeinen nog wel nederlagen op zee toebrachten, was hun superioriteit niet meer vanzelfsprekend. Sterker nog, de twijfel had bij de Carthagers toegeslagen, zeker toen ze in 241 v. Chr. in de zeeslag bij de Aegatische Eilanden opnieuw een nederlaag leden en daarmee de Eerste Punische Oorlog verloren. Wat ze precies dachten, onttrekt zich evenwel aan onze waarneming. Carthaagse zegslieden die een aaneengesloten verhaal vertellen, ontbreken. We moeten ons baseren op Grieks-Romeinse auteurs uit latere tijden.



Toen in 218 v. Chr. de Tweede Punische Oorlog uitbrak en de Carthagers zich opmaakten voor een invasie van Italië, zou het gezien hun voorgeschiedenis voor de hand hebben gelegen dat ze over zee kwamen. Vijftig jaar eerder zouden ze dat zeker hebben overwogen, maar nu niet. De Carthaagse opperbevelhebber Hannibal koos voor een andere route, via Spanje over de Alpen naar Italië. Uit angst dat de Carthaagse vloot niet was opgewassen tegen de Romeinse? Werkte het trauma van de eerste nederlaag op zee nog door?[27] Het is zeker niet uit te sluiten, maar het is even goed mogelijk dat Hannibal de Romeinen wilde verrassen met een inval in Noord-Italië, waar ze hem niet verwachtten en waar hij ontevreden bondgenoten van de Romeinen tot overlopen kon aanzetten. Wat ook de werkelijke reden is, de Carthagers hadden op dat moment te weinig schepen om hun immense leger, de vele paarden, olifanten, voorraden en alles wat een leger op mars nodig heeft, naar Italië over te zetten.[28] Hannibals handelwijze laat zien dat de machtsverhoudingen op zee drastisch waren veranderd. Een volk zonder lange maritieme traditie bepaalde nu de agenda op zee.

De Romeinen waren zich daarvan bewust, maar hebben de mogelijkheden van een goed georganiseerde vloot niet volledig benut. Ze konden in de tweede eeuw v. Chr. hun op landlegers gebaseerde superioriteit ten volle blijven uitdragen en het doen voorkomen alsof oorlogen op zee bijzaak waren. Het doel was niet om zelf de heerschappij op zee uit te oefenen, maar om de vloten van andere staten uit te schakelen.



**Cato de Oudere**

In het midden van de tweede eeuw v. Chr. hadden de Carthagers zich aardig hersteld en konden ze de harde voorwaarden van het vredesverdrag uit 201 v. Chr. het hoofd bieden. Die waren een grote vernedering geweest. Ze hadden alle oorlogsschepen op tien na moeten inleveren en daarnaast waren ze gedwongen een enorme oorlogsschatting te betalen. Ooit hadden ze gehoopt de Middellandse Zee *Mare Nostrum* (Onze Zee), te kunnen noemen. Nu moesten ze toezien hoe de Romeinen de heersers op zee werden, hoewel die dat overigens niet te opzichtig lieten blijken en veel taken op zee overlieten aan bondgenoten.

Maar de veranderde omstandigheden hadden ook zo hun voordelen. De Carthagers hoefden geen geld meer te besteden aan de bouw en het onderhoud van oorlogsschepen. Ze spaarden zo heel veel geld uit en deden rond 190 v. Chr. de Romeinen het voorstel om het opgelegde geldbedrag in één keer te betalen. Die weigerden. Met afgrijzen zagen ze dat Carthago opnieuw een economische bloeiperiode beleefde, die sterk deed denken aan de voorspoed van vóór de Eerste Punische

Oorlog. Leden van de vele Romeinse gezantschappen die Carthago bezochten, spraken bij terugkeer van een stad die voortdurend werd verbouwd en uitgebreid. De omgeving was vol graanvelden en wijn- en olijfgaarden, en een groot deel van de overvloedige opbrengsten werd geëxporteerd. Zelfs naar Italië, dat het Afrikaanse graan goed kon gebruiken.[29] Om de stroom van schepen te kunnen verwerken, werd de haven van Carthago herhaaldelijk gemoderniseerd.



Sommige Romeinen beeldden zich in dat de Carthagers de haven niet alleen voor economische doeleinden uitbreidden, maar dat ze in het geheim werkten aan een programma dat voorzag in de bouw van vele oorlogsschepen. De stemming in Rome werd steeds oorlogszuchtiger. De senatoren die adviseerden Carthago niet opnieuw de oorlog te verklaren, vormden inmiddels een minderheid.

In het midden van de tweede eeuw v. Chr. kregen de haviken het in Rome voor het zeggen. Hun woordvoerder was Cato de Oudere, een hoogbejaarde Romeinse senator met een lange militaire carrière. In 153 v. Chr. bezocht hij als lid van een Romeins gezantschap Carthago. Lopend langs de haven en door de binnenstad zag hij overal welvaart en, wat hem ernstig verontrustte, loodsen vol hout, in zijn ogen bestemd voor de bouw van nieuwe oorlogsschepen. Na terugkeer in Rome werd hij de woordvoerder van een groepering die uit was op de totale vernietiging van Carthago. Over welk onderwerp er in de senaat ook werd gedebatteerd, steevast zou Cato zijn betoog hebben beëindigd met de woorden: *'Ceterum censeo Carthaginem esse delendam'* ('Overigens ben ik van mening dat Carthago moet worden verwoest'). Hoewel deze uitspraak vermoedelijk een bedenksel is van de Duitse historicus Franz Fiedler in de negentiende eeuw,[30] past de strekking ervan wel heel goed bij Cato, die geen middel schuwde om zijn collega's ervan te overtuigen dat Carthago een groot gevaar vormde voor Rome.[31]

Cato is de geschiedenis in gegaan als een traditionalist die zich met hand en tand verzette tegen de toenemende invloed van vreemdelingen in Rome, ook van de Grieken, die door andere auteurs juist worden geprezen omdat ze een wezenlijke bijdrage hebben geleverd aan de omvorming van het wat boertige oude Rome tot een cultuurstad. Grieken komen er bij hem slecht vanaf. Vooral artsen en filosofen moeten het ontgelden.[32] Zijn afkeer van de Grieken haalde het echter niet bij zijn weerzin tegen alles wat Carthaags was. Enkele jaren voordat Carthago in 146 v. Chr. na een beleg van drie jaar definitief werd verslagen, had Cato de volgende uitspraak gedaan:

> *Welk volk heeft vaak verdragen gebroken? De Carthagers. Wie hebben een wrede oorlog gevoerd? De Carthagers. Wie hebben Italië geplunderd? De Carthagers. En wie vragen nu om vergeving? De Carthagers. Jullie zien dus hoe goed het is om hen te onderwerpen.*[33]

Cato ging weloverwogen te werk door de Carthaagse *perfidia* (trouweloosheid) te plaatsen tegenover de Romeinse *fides* (trouw). Zijn denigrerende opvattingen over de onbetrouwbaarheid, huichelachtigheid en wreedheid van de Carthagers verdwenen niet met zijn dood. In tegendeel, ze werden overgenomen en verder uitgewerkt. Cicero, die het wel vaker had voorzien op andere volkeren, volgt de zienswijze van Cato en noemt de Carthagers brekers van verdragen en een zeer bedrieglijk volk, ware nazaten van hun Phoenicische voorouders.[34] Livius heeft deze zienswijze nog versterkt met pikante details. Carthagers werden ervan beschuldigd dat ze krijgsgevangenen aan hun kinderen te eten gaven of ze door olifanten lieten vertrappen, maar het ergste verwijt was dat ze kinderoffers brachten en dat hun vrouwen daarbij aanwezig waren zonder een traan te laten. Vooral de kinderoffers werden breed uitgemeten.



De Griekstalige historicus Diodorus Siculus, een tijdgenoot van Livius, vertelt hoe de Carthagers in 309 v. Chr. een immens hol bronzen beeld voor de god Cronus, de Ba'al Hammon van de Carthagers, hadden opgericht. Het stond op een prominente plaats, met uitgestrekte armen en handpalmen die schuin naar beneden wezen. Ieder kind dat in de armen werd gelegd gleed vanzelf de holte in die was gevuld met gloeiende sintels.[35] Dat was voor de Romeinen een barbaarse daad, die dan ook sterk heeft bijgedragen aan het negatieve imago van de Carthagers.[36] Een volk dat tot zoiets in staat was, kon niet deugen.

Hoe feller een Carthager zich tegen Rome had gekeerd, des te groter was Livius' afkeer van hem. In die context hoeven we ons er niet over te verbazen dat de Carthager die de Romeinen aan de rand van de afgrond had gebracht, de zwaarste verwijten werden gemaakt. Hannibal mag dan een goede soldaat en een bekwaam generaal zijn geweest die de zwaarste ontberingen kon doorstaan, moreel deugde er niets aan hem. Hij bezat een bijna onmenselijke wreedheid en een trouweloosheid die nog groter was dan die van de andere Carthagers. Hij had geen enkel gevoel voor waarheid of heiligheid. Ontzag voor de goden ontbeerde hij ten enenmale. Hij hield zich nooit aan een eed en kende geen morele principes.[37]

God Ba'al Hammon zittend op een troon

Livius legt een Romeinse bevelhebber na de voor de Romeinen zo rampzalig verlopen Slag bij Cannae in 216 v. Chr. nog zwaardere verwijten aan het adres van Hannibal en de Carthagers in de mond:

> *Nee, onze vijand is een Puniër, niet eens van Afrikaanse herkomst, die vanaf de uiterste grens van de aarde – de zee-engte bij de Oceaan: de Zuilen van Hercules – soldaten meevoert die onbekend zijn met elke vorm van recht en beschaving, ja zelfs bijna met menselijke taal! Deze mannen, van nature en in hun leefwijze al brute wilden, zijn door hun aanvoerder nog verder verwilderd: hij heeft ze bruggen en dammen laten bouwen van stapels menselijke lichamen en – ik kan het nauwelijks over mijn lippen krijgen – mensenvlees leren eten!*[38]
>
> (vertaling Hedwig W.A. van Rooijen-Dijkman)



Livius zit met deze en andere uitspraken op de negatieve lijn van Cato. Diens tijdgenoot Polybius, met zijn afgewogen oordeel over de vijanden van Rome en ook over Hannibal,[39] wordt node gemist. De opvattingen van Livius gingen de boventoon voeren, en dat bleef zo tot diep in de keizertijd. Ook de beschimpingen aan het adres van andere Carthagers namen toe.[40]

**Nogmaals Cato**

De almaar feller wordende kritiek van de Romeinen op de Carthagers werd geuit in een tijd waarin binnen de gelederen van de senatoren de traditionele mores waarop hun voorouders zich zo hadden laten voorstaan, veel minder werden nageleefd dan voorheen. De overwinning op Carthago had hun het idee gegeven dat ze nu de onbetwiste heersers waren en van niemand enig gevaar te duchten hadden. Het wegvallen van de grote concurrent leidde tot een gedragsverandering. Sommige senatoren namen het niet meer zo nauw met de oude normen en waarden en hadden vooral oog voor hun eigen politieke en economische belangen. Eerzucht *(ambitio)* en hebzucht *(avaritia)* kwamen in de plaats van de traditionele waarden. Rijkdom werd een doel op zich. Het algemeen belang verdween naar de achtergrond.



De merkwaardige situatie deed zich voor dat vooraanstaande personen uit de Romeinse politiek die in het openbaar de Carthagers op alle mogelijke manieren negatief afschilderden, zich in het dagelijks leven niet schaamden voor zaken die in de maatschappij van de overwonnenen meer op waarde werden geschat dan in Rome. Er waren senatoren die de handel niet meer meden, maar eraan meededen, soms bescheiden, niet zelden met grote investeringen. Het is niet gemakkelijk om de namen te vinden van degenen die zich ermee inlieten. Romeinse schrijvers en dichters pasten er wel voor om senatoren op deze wijze negatief in het nieuws te brengen. Het zou de oude Romeinse mores geen goed hebben gedaan.

Eén naam is evenwel prominent naar buiten gekomen: Cato de Oudere. Twee eeuwen later weliswaar, maar het feit dat juist hij, die in zijn tijd doorging voor het toppunt van rechtschapenheid en onkreukbaarheid en die werd beschouwd als de felste tegenstander van de Carthaagse normen en waarden, lang na zijn dood wordt genoemd als iemand die het met de oude mores niet zo nauw nam, geeft te denken. Er was blijkbaar een traditie op gang gekomen waarin de man die had aangedrongen op de ondergang van Carthago, die de Carthagers op alle manieren zwart had gemaakt, zelf bezweken was voor de verleiding om op een andere dan de traditionele wijze geld te verdienen.

Zijn verhaal is te vinden bij de Griekse schrijver Plutarchus.[41] Als we hem mogen geloven heeft Cato zijn geld geïnvesteerd in vijvers, warme bronnen, plaatsen waar wolkammers te werk werden gesteld, pekfabrieken en streken met natuurlijke wouden en bossen. Ook zou hij zich met riskanter zaken hebben ingelaten, zoals geldleningen en handelsondernemingen waarin verschillende personen participeerden. De oude landeigenaar die een leven van soberheid en eenvoud leidde, is hier heel ver weg.



Dat Plutarchus aan het einde van de eerste eeuw zo'n oordeel over Cato kon noteren, geeft aan dat in zijn tijd iets gemakkelijker over dit soort kwesties werd geschreven dan tijdens de opmars van Rome naar de wereldmacht. Rome was het centrum geworden van een wereldrijk dat parasiteerde op de inkomsten uit de provincies. Handel en nijverheid speelden een veel grotere rol dan in de tijden waarin de Romeinse legioenen de weg daarvoor vrijmaakten.

Kort na de val van Carthago was de grote betekenis van de handel al aan de dag getreden, maar toen was het nog niet gepast om daarover te schrijven. Daarmee is niet gezegd dat er geen handeldrijvende senatoren waren. Vondsten van scheepswrakken met wijnamforen uit de late tweede eeuw v. Chr. leveren het bewijs dat sommige aristocratische families het niet zo nauw namen met de traditionele mores en een vooraanstaande rol speelden in de wijnhandel van Italië naar Gallië. Sommigen lieten hun namen in de amforenhalzen griffen, alsof ze daarmee wilden zeggen dat ze zich er niet voor schaamden met handelsactiviteiten geld te verdienen.[42] In de volgende decennia nam de betrokkenheid van senatoren bij handel en nijverheid verder toe. De winsten konden hoog zijn, zoals blijkt uit een mededeling van Diodorus Siculus over op wijn verzotte Galliërs die zelfs bereid waren een slaaf te ruilen voor een amfoor met wijn.[43] Voor de buitenwereld hielden senatoren echter de schijn op van eerzame landeigenaren die niet voor de markt produceerden.

Die gespleten situatie van een met de mond beleden ideologie van een zuiver agrarische levenshouding en een praktische opstelling die daar geregeld mee in strijd was, heeft nog heel lang bestaan. Veel nazaten van aristocratische families die zo hadden afgegeven op de Carthagers, brachten nu de gelaakte opvattingen van de gehate tegenstanders in praktijk. Als je het cru zou willen zeggen: ze waren bijna Carthagers geworden. Het grote verschil met de oude Carthagers was dat die eerlijk voor hun commerciële bedoelingen uitkwamen, terwijl de Romeinen er geheimzinnig over bleven doen.



**Het nieuwe Carthago**

Carthago was in 146 v. Chr. een desolate puinhoop geworden. Scipio Aemilianus had het Carthaagse grondgebied vervloekt, en de Romeinen hadden plechtig verklaard dat de stad nooit meer zou worden bewoond. Honderd jaar bleef Carthago één grote woestenij. Pas Caesar en Octavianus Augustus negeerden een eeuw later de vloek en richtten Carthago opnieuw in. Oorlogsveteranen kregen land in de omgeving. De nieuwe stad, die werd aangelegd op de plek van het oude Carthago, groeide uit tot een belangrijke handelsplaats. Vooral de graanhandel bloeide op. Noord-Afrika werd een van de grote graanprovincies van het Romeinse Rijk. Duizenden tonnen graan werden vanuit het vruchtbare achterland naar de in oude luister herstelde haven vervoerd en daar in grote silo's opgeslagen, totdat vrachtvaarders alles verscheepten naar het hongerige Rome.

De gedeeltelijk afgegraven heuvel Byrsa, waarop een forum, tempels en gerechtsgebouwen stonden, werd het centrum van het nieuwe Carthago. Omdat de Romeinen aan iedereen wilden laten zien dat er een andere tijd was aangebroken, verrezen in de stad monumentale bouwwerken, zoals die ook in Rome en de grote provinciesteden stonden. Een groot amfitheater voor de in Rome zo populaire gladiatorenshows en dierengevechten bood plaats aan dertigduizend toeschouwers. Niet ver daar vandaan kwam een hippodroom, waar enkele keren per maand bijna zestigduizend mensen zich vergaapten aan het grootste Romeinse volksvermaak: de wagenrennen. Ook was er een theater voor toneelvoorstellingen met vijfduizend plaatsen.



Om de watervoorziening van de tot bijna een half miljoen inwoners uitgedijde stad in goede banen te leiden, werden aquaducten met een totale lengte van 132 kilometer en een capaciteit van 32 miljoen liter water aangelegd. Keizer Antoninus Pius (138-161) liet een van de grootste badgebouwen uit de Oudheid aanleggen, het zichtbare bewijs dat Carthago nu een volledig Romeinse stad was geworden.

De vroegere tegenstellingen tussen Rome en Carthago leken te zijn vergeten, want ook Romeinse goden deden hun intrede en 'versmolten' met de oude Carthaagse godheden. De Punische godin Tanit leefde voort als Iuno Caelestis, en Ba'al Hammon werd vereenzelvigd met de Romeinse Saturnus. Net als in andere Romeinse provinciesteden werden ook hier spe-

Stèle van Saturnus, 323 n. Chr. (Musée National du Bardo). In de Romeinse tijd werd de god Ba'al getransformeerd tot Saturnus

ciale tempels ingericht om de keizer als god te vereren. Wie de voorgeschiedenis niet kende, zou haast denken dat Carthago altijd Romeins was geweest.

Maar er waren niet alleen Carthagers in Noord-Afrika, er waren er ook veel in Rome. Sommigen maakten carrière in de handel in wijn, olijfolie, vissaus *(garum)* of wilde dieren, anderen kwamen naar Rome voor werk, met name in de bouw. Ze verwierven betrekkelijk gemakkelijk een plek in de Romeinse samenleving. Maar de verwijten bleven. Ze werden gezien als nazaten van leugenachtige en onbetrouwbare Puniërs. Ze waren gedegenereerd, en de Romeinse samenleving mocht nooit worden besmet met hun ondeugden. In die zin was het oude Carthago nog springlevend. Plutarchus schreef onomwonden over de Carthagers:



> *Het karakter van de Carthagers is vol verbittering en norsheid. Ze zijn kruiperig jegens hun magistraten, hard voor hun onderdanen, laaghartig als ze ergens bang voor zijn, woest als ze opgewonden zijn, koppig in het vasthouden aan hun besluiten, onaangenaam en hardvochtig in hun opstelling tegen speelsheid en stedelijke beschaving.*[44]

**Geschiedenis en literatuur: Salammbô**

Het oude Punische Carthago, dat zo grondig was verwoest, is na de Oudheid niet vergeten. Herhaaldelijk duikt de stad op in verslagen van historici, die soms een zekere diepgang kennen, soms aan de oppervlakte blijven. Met name Livius' beeld van een verdorven Carthago is door historici geregeld aangehaald, in de eerste helft van de negentiende eeuw onder meer door de Franse historicus Jules Michelet. De vader van de Franse nationale geschiedschrijving heeft niet alleen naam gemaakt met zijn *Histoire de France* en zijn *Histoire de la Révolution Française*, hij heeft ook de *Histoire de la République Romaine* op zijn naam staan. Met dit geschiedwerk, waarin hij uitvoerig stilstaat bij de Punische Oorlogen, heeft hij veel lof geoogst. Vooral zijn hoofdstuk over de Carthaagse huurlingenoorlog van 241 tot 238 v. Chr. is veel geprezen.

Na de vernederende vredesvoorwaarden van 241 v. Chr. verkeerde Carthago in een diepe crisis. De stad zat financieel aan de grond en kon de soldij van de talrijke huurlingen niet meer betalen. Die sloegen aan het muiten. Omdat ook de Libische bevolking in opstand kwam, liep de rebellie uit op een totale oorlog. Na lange gevechten kon de opstand worden neergeslagen. Polybius, die meestal genuanceerd verslag doet, spreekt van buitengewone wreedheden aan de kant van zowel de opstandelingen als de Carthagers.[45]



Michelet heeft Polybius' weergave nog eens extra aangezet. Hij laat daarbij ook af en toe zijn fantasie de vrije loop. Hij schetst bepaalde gevechtsscènes zo beeldend dat ze in een roman niet zouden misstaan. De lezer moet haast wel tot de conclusie komen dat in deze oorlog het bewijs werd geleverd dat Carthago in alle opzichten gedegenereerd was. De heterogeen samengestelde bevolking van negroïde personen en mensen met een Phoenicisch-Semitische achtergrond was decadent, en het huurlingenleger van gemengde samenstelling, dat geleid werd door een Afrikaan, Mâtho, en een Griek, Spendius[46], was het zichtbare bewijs voor de stelling dat een samenraapsel van betaalde huurlingen het in de voorgaande jaren terecht had afgelegd tegen een burgerleger, zoals dat van Rome.[47]

Ik zou niet speciaal op Michelet hebben gewezen, als zijn

naam niet nauw verbonden is met de historische roman *Salammbô* van Gustave Flaubert (1821-1880). Deze Franse schrijver had in 1856 grote bekendheid verworven met zijn *Madame Bovary*, het verhaal van een doktersvrouw die regelmatig overspel pleegt, boven haar stand leeft, alles doet om aan het duffe leven in een Frans provinciestadje te ontkomen en na het innemen van arsenicum haar ambities meeneemt in haar graf.



In 1857 zette Flaubert zich aan een heel ander werk: een historische roman die is gesitueerd in Carthago. Opvallend genoeg koos hij niet voor een glorieuze episode uit de Carthaagse geschiedenis en evenmin voor het dramatische slot, de verwoesting van de stad, maar voor de Huurlingenoorlog onmiddellijk na de uitputtingsslag van de Eerste Punische Oorlog. Zijn in 1862 verschenen roman *Salammbô* is het verhaal van een bijna infernale liefdesverhouding tussen de huurlingenleider Mâtho en Salammbô, de dochter van de Carthaagse leider Hamilcar Barcas.

Vermoedelijk heeft Michelet bij de keuze van zijn onderwerp een rol gespeeld. Flaubert voelde zich tot zijn geschiedwerk aangetrokken, zoals hij op 26 januari 1861 aan hem schreef:

> *Op school verslond ik uw* Histoire de la République Romaine *met een bijna sensueel genoegen. Die bladzijden (die ik zonder het erop aan te leggen uit het hoofd kende) gaven mij in overvloed alles wat ik elders tevergeefs zocht: poëzie en werkelijkheid, kleur en reliëf, feiten en droombeelden, voor mij waren het geen boeken, voor mij was het een hele wereld.*
>
> (vertaling: M.A. Wes)

Flaubert had dat werk van Michelet al vóór 1839 gelezen. De lectuur van de hoofdstukken over de Punische Oorlogen inspireerde hem in dat jaar tot een opstel, *Les arts et le commerce*. Het kan worden beschouwd als zijn eerste bemoeienis met Rome en Carthago. In het veertien pagina's tellende opstel valt direct op dat Flaubert de traditionele opvattingen van de Romeinen (en die van Michelet) overneemt. Hij kan weinig waardering opbrengen voor staten die zich hebben toegelegd op de handel, en noemt daarbij de handelsrepublieken Carthago, Venetië en Holland.



Vooral Carthago moet het ontgelden. Hij heeft geen goed woord over voor de stad, en schrijft zonder enige reserve: *'Et le nom de Carthage n'est il pas pour nous plein d'horreur et de cynisme?'* Het is volgens hem niet meer dan logisch dat Rome Carthago had verslagen, want, zo gaat hij door, in Rome was de mentaliteit mede gevormd door de culturele invloeden van de Grieken. Kunstenaars en artiesten waren uit Athene naar Rome gekomen en hadden er de schone kunsten een sterke impuls gegeven. Zo was het eenvoudige agrarische Rome dankzij Athene een cultuurstad geworden die altijd zal worden herinnerd. In de woorden van Flaubert: *'Leur souvenir occupe le monde.'* Dat de Carthagers zich eveneens hadden opengesteld voor Grieks-hellenistische invloeden, vergat hij voor het gemak. Zij waren van de aardbodem verdwenen. Alleen de herinnering aan hun monsterachtige wreedheid resteerde.[48]

Het lag in de lijn der verwachting dat Flaubert zich al eerder aan een roman over Carthago zou wijden, maar hij heeft na 1839 geruime tijd gezwegen over de Oudheid. Het zou tot 1857 duren voordat hij begon aan zijn historische roman.

Flaubert heeft Michelets weergave van de seksuele uitspattingen, de onmenselijke wreedheden en de buitensporige luxe van de leden van de Carthaagse elite overgenomen en nog beeldender opgeschreven. Voor het algemene beeld heeft hij rijkelijk geput uit de informatie van Grieks-Romeinse auteurs, die het ondenkbaar achtten dat de Romeinen ooit gruweldaden als het brengen van kinderoffers zouden begaan. De zwarte kanten van Carthago, die in de eerste eeuw v. Chr. door Livius zo zwaar waren aangezet, worden door hem nog eens van extra negatief commentaar voorzien. Alle door Livius gesignaleerde gebreken van de Carthaagse samenleving worden met gevoel voor detail naar voren gebracht. Het verhaal van de kinderoffers in Carthago gaat direct terug op de weergave van Diodorus Siculus. De beeldvorming van Carthago, zoals die in Rome was ontstaan, is duidelijk ook aan Flaubert niet voorbijgegaan.



Natuurlijk kwam er commentaar op de in de ogen van een aantal critici te negatieve uitgangspunten van Flaubert. Hij had zich te zeer laten leiden door Romeinse uitlatingen over Carthaagse gruwelijkheden en had tegengeluiden genegeerd. Nog meer werd het hem kwalijk genomen dat hij de obscure Huurlingenoorlog, een moreel dieptepunt in de geschiedenis van Carthago, had uitgekozen, en niet de veel opzienbarender strijd tussen Carthago en Rome. Hij verdedigde zich in een brief van 23 december 1862 aan zijn voornaamste criticus Charles Augustin Sainte-Beuve door te zeggen dat hij met zijn verbeeldingskracht een Carthago wilde oproepen dat strookte met de gegevens die hij uit de bronnen en uit de wetenschappelijke literatuur had geput. Dat mocht zo zijn, maar de kritiek dat hij een te negatieve voorstelling van zaken had gegeven, is nooit helemaal verstomd.[49]

**Terugblik**

Onontkoombaar doemt het beeld op van Rome als overwinnaar op alle fronten en Carthago als de grote verliezer, niet alleen in de oorlogvoering van meer dan een eeuw, ook in de beeldvorming. In de schaduw van het grote conflict tussen beide grootmachten heeft de sobere, genuanceerde informatie van Polybius het afgelegd tegen de felle uithalen aan het adres van de Carthagers van Livius en zijn geestverwanten. Hun beelden hebben zich vastgezet in de herinnering. En ook al proberen historici en archeologen nu een genuanceerder beeld van Carthago te schetsen en tonen de daar gevonden kunstvoorwerpen aan dat het geschetste beeld van de inwoners te eenzijdig, te negatief is en dat de Carthagers wel degelijk openstonden voor ideeën van anderen, hun pogingen hebben het traditionele beeld maar ten dele kunnen kantelen. De vernietiging van het oude Carthago en het opruimen van de puinhopen voor de bouw van het nieuwe Romeinse Carthago zijn te gron-

De Tophet van Carthago met grafstèles uit verschillende periodes

dig geweest om de volledige waarheid naar boven te halen.

Livius wordt herinnerd als 'het nationale geweten' van Rome, Polybius, de historicus die de mensen een spiegel wil voorhouden, heeft veel minder aandacht gekregen. Om die reden alleen al is het jammer dat Huizinga in 1926 in zijn lezing voor een gehoor van Amerikaanse wetenschappers niet de naam van Polybius noemde. Het zou de aandacht voor de Griek, die in Rome als buitenstaander met een open blik naar de samenleving keek, goed hebben gedaan.



En Duilius? Hoe zou hij hebben gereageerd op de manier waarop de Romeinen met zijn succes aan de haal zijn gegaan? Vermoedelijk zou hij het hebben kunnen waarderen, want per slot van rekening was hij een Romein van de oude stempel, die bij Mylae had aangetoond dat een staat die is gericht op de zee het altijd moet afleggen tegen een volk dat de landbouw hoog in het vaandel voert. Zijn erfenis was bij de Romeinen in goede handen.

En wij? Wij moeten de Romeinse berichtgeving over de verslagen Carthagers kritisch blijven benaderen. Laat Huizinga ons voorbeeld zijn. Blijkens zijn opmerkingen over de betekenis van het water voor de wording van ónze nationaliteit zou hij de op de zee toegespitste verklaringsgronden van de Romeinen voor de negatieve kanten van Carthago zeker hebben betiteld als ijdele bespiegelingen.[50] Polybius zou het met een glimlach hebben aangehoord.

## WOORD VAN DANK

Dit is de tekst van de Huizinga-lezing zoals die werd uitgesproken in de Pieterskerk in Leiden op 12 december 2014.

Ik ben dank verschuldigd aan Pieter ter Keurs, de samensteller van de tentoonstelling *Carthago* in het Rijksmuseum van Oudheden in Leiden, met wie ik menig gesprek over de inhoud van de lezing heb gevoerd. Frits van der Meij en Rob Zweedijk, uitgever en redacteur van mijn vaste uitgeverij Athenaeum, waren bereid de tekst nauwgezet te lezen en van commentaar te voorzien.

*Oegstgeest, december 2014*

# NOTEN



1 J. Huizinga, *Amerika dagboek, 14 april-19 juni 1926*. Bezorgd door Anton van der Lem. Amsterdam 1993
2 Zie W. E. Krul, 'Huizinga en de deftigheid', *De Gids* 168 nr. 2 (2005), p. 117.
3 Lezing 'Individualism and Association in America', *Huizinga-archief UB-Leiden*, omslag 113. Ik vond deze uitspraak in W.E. Krul, 'Huizinga's reis door Amerika', *Groniek* 86 (1984), p. 77-78.
4 Cicero, *De Oratore* 2, 9, 36
5 Van Hooff (2005), p. 331 signaleert de gelijkenis tussen Huizinga en Polybius.
6 Een prachtig betoog over Huizinga geeft Otterspeer (2006).
7 Polybius, *Historiën* 1, 1, 2
8 Polybius, *Historiën* 6, 56
9 Homerus, *Ilias* 6, 448-449 (vertaling H.J. de Roy van Zuydewijn)
10 Polybius, *Historiën* 38, 22. Deze passage behoort niet tot de overgeleverde tekst van Polybius, maar is te vinden in Appianus, *Lybica* 132. De tranen van Scipio Aemilianus zijn uitgebreid behandeld door Astin (1967), p. 282-287 en door Momigliano (1975), p. 22-23.
11 Polybius, *Historiën* 6, 57
12 Van de triremen weten we nagenoeg zeker dat er 170 roeiers

in drie roeilagen zaten, maar er blijven nog veel vragen (zie J.S. Morrison, J.F. Coates en N.B. Rankov, *The Athenian Trireme*, Cambridge 2000). In nog sterkere mate geldt dat voor de grotere scheepstypen, waarover nauwelijks gegevens bekend zijn. Zelfs het aantal roeiers kan niet worden vastgesteld. De oude schrijvers lieten zich er nauwelijks over uit, en er is nog nooit een oorlogsschip uit de klassieke oudheid op de zeebodem gevonden dat een aanknopingspunt zou kunnen vormen. Zie voor deze scheepstypen Casson (1971), Meijer (1986) en Murray (2012).



13 Polybius, *Historiën* 6,52 vergelijkt de manieren van oorlogvoering van de Romeinen met die van de Carthagers.

14 De groei van de stad Carthago wordt heel helder beschreven door Lancel (1999), p. 134-192.

15 Polybius, *Historiën* 1, 20,15

16 Zie Starr (1989).

17 Polybius, *Historiën* 1, 21-23

18 Zonaras, een Byzantijns kroniekschrijver uit de twaalfde eeuw, die zich voor deze periode baseert op Cassius Dio, vertelt (8,10,8-9 en 11,1-5) dat Duilius meteen het commando over de vloot had gekregen. Scipio, die teleurgesteld was omdat het hem was onthouden, had daarop een verrassingsaanval op een Carthaagse vlooteenheid uitgevoerd om zijn reputatie op te vijzelen.

19 Over de datering van de inscriptie wordt getwist. Sommigen houden het erop dat het opschrift een rechtstreekse kopie is van de originele tekst, anderen zijn van oordeel dat die tekst twee keer is aangepast, eerst rond 150 v. Chr. en later nogmaals, op voorspraak van princeps Octavianus Augustus. Hij had zelf een overwinning behaald in de wateren rond Sicilië en wilde

herinnerd worden met een blijvend monument. Om de betekenis daarvan te onderstrepen, plaatste hij op het Forum Romanum naast het ereteken voor hemzelf de *columna rostrata* voor Duilius met de inscriptie, als een eerbewijs aan de eerste Romein die een aansprekende overwinning op zee had behaald. Voor een discussie over de *columna rostrata* zie T. Frank, 'The Columna Rostrata of C. Duilius', in: *Classical Philology* 14 (1919), p. 74-82.

20 Livius, *Periochae* 17, 2

21 Dat de Romeinen in het vervolg van de Eerste Punische Oorlog nog enkele nederlagen leden doet hieraan niets af.



22 Polybius, *Historiën* 1,71 en 12, 3

23 Cicero, *De Lege Agraria* 2,95. Zijn lofzang op de landbouw is te vinden in *De Officiis* 1, 150.

24 Plato, *Leges* 704d-705a

25 Livius, *Ab Urbe Condita* 21.63, 3-4

26 Zie voor de efficiënte landbouw in Carthago Docter (2005), p. 326.

27 Heel uitgesproken is Thiel (1946) p. 37-38.

28 Zie Starr (1989), p. 58

29 Livius, *Ab Urbe Condita* 31.19, 2 spreekt over een Carthaagse graanleverantie aan Rome van tweehonderdduizend schepels in 200 v. Chr.

30 Plutarchus, *Cato de Oudere* 27 is twee eeuwen later de enige die de beroemde uitspraak in het Grieks weergeeft. Franz Fiedler nam de Latijnse versie in 1821 op in zijn boek *Geschichte des Römischen Staates und Volkes*. Zie S. Thürlemann, 'Ceterum censeo Cathaginem esse delendam', *Gymnasium* 81 (1974), p. 465-476.

31 Hij voerde in de senaat een act op met Afrikaanse vijgen, waarvan hij beweerde dat die uit Carthago kwamen, op slechts drie dagen varen verwijderd van Rome. Zo dicht was de vijand in de buurt.

Vermoedelijk kwamen de vijgen uit zijn eigen tuin. Zie F.J. Meijer, 'Cato's African Figs', in *Mnemosyne* 37 (1984), p. 117-124

32 De filosofen verdacht hij ervan dat ze de Romeinse jeugd het hoofd op hol brachten en hen van het rechte pad af brachten. De artsen verweet hij dat ze niets anders wilden dan met hun verderfelijke kunstjes zoveel mogelijk Romeinen om te brengen en de Romeinse maatschappij van binnen uit te vernietigen. Zie Meijer (2007), p. 162-164.

33 *Rhetorica ad C. Herennium* 4,20; *Oratorum Romanorum Fragmenta* red. M. Malcovati (Turijn 1976), Fragment 195 b

34 Cicero, *De Officiis* 1,38; Cicero, *Pro Scauro* 42

35 Diodorus Siculus 20,14,4-7; zie ook Lancel (1999), p. 248 en Hoyos (2010), p. 100-101

36 In de tophet van Carthago, het heiligdom van Ba'al Hammon en Tanit, zijn duizenden urnen met as van jonge kinderen gevonden. Niet alle historici en archeologen zijn ervan overtuigd dat er kinderoffers werden gebracht. Zie daarvoor Lancel (1999), p. 249-251 en (uitgebreider) S. Ribichini, 'Tophet und das Punische Kinderopfer' in: M. Maas (red.), *Hannibal ad portas. Macht und reichtum Karthagos*, Darmstadt 2004, p. 247-261.

37 Livius, *Vanaf de stichting van de stad* 21, 4, 9

38 Livius, *Vanaf de stichting van de stad* 23, 5, 12

39 Polybius, *Historiën* 9,21-26; zie ook Walbank (1972) en Van Hooff (2005).

40 Zie Isaac (2004), p. 334-335.

41 Plutarchus, *Cato Maior* 21, 5-6

42 In dit verband is het wellicht goed te wijzen op een door 'modernisten' gesignaleerde frappante gelijkenis tussen de mentaliteit van de Romeinse elite en die van de Franse adel in de pre-industriële tijd, die er evenmin voor terugschrok zijn kapitaal

te investeren in de zeehandel. Zie D' Arms (1981), p. 47.

43 Diodorus Siculus, *Historische Bibliotheek* 5,26,3

44 Plutarchus, *Moralia* 779D

45 Polybius doet verslag van de Huurlingenoorlog in *Historiën* 1, 66-88

46 In Polybius, *Historiën* 1,69 is Spendius een Campaniër.

47 Volgens Bernal (1999), p. 355 legt Michelet te veel nadruk op de etnische diversiteit. Misschien heeft Michelet de negatieve verhalen van de Grieks-Romeinse schrijvers nog eens extra aangezet omdat de Fransen in zijn tijd politiek en militair actief waren in de Maghreb. Ze konden de negatieve uitlatingen over de Carthagers van toepassing verklaren op de Arabieren, die nu die regio bewoonden. Zie Miles 2010, p. 10.



48 Het opstel *Les arts et le commerce* is te vinden in de *Oeuvres complètes de Gustave Flaubert*, Parijs (Éditions du Seuil), 1964. Ik werd op het jeugdopstel van Flaubert gewezen door M.A. Wes in een prachtig boekje dat naar mijn mening veel te weinig aandacht heeft gekregen: *Gustave Flaubert en zijn Salammbô: meer dan historisch*, Baarn 1992. Wes wijst op p. 64-65 op de grote invloed van Michelet op het pamflet van Flaubert.

49 De kritieken van de belangrijkste critici Charles Augustin Sainte-Beuve en Guillaume Froehner en het weerwoord daarop van Flaubert zijn te vinden in Gustave Flaubert, *Salammbô*, Oeuvres complètes de Gustave Flaubert, vol. 2, Parijs 1971. Op internet: http:www//mediterranees.net/romans/salammbo/dossier.

50 In 'De wording van onze nationaliteit' in: *Geschiedwetenschap / Hedendaagsche Cultuur (Verzameld werk* **vii**, Haarlem 1950), p. 281 schrijft hij: 'Wij wijzen zoo gaarne op het water, dat ons heeft opgevoed (let wel, het binnenwater minstens evenzeer als de zee!), opgevoed tot eigen hulp in kleinen kring, tot dijkers

en heemraden, kortom tot Verdedigers. Maar is het niet altijd nog iets van den ouden hollandocentrischen zuurdeesem, die daarin spreekt? Een Nederland, enkel op die basis ontstaan, zou met Holland, Zeeland en het Friesche Noorden hoogstens nog de Betuwe hebben omvat. De hydrografische factor kan nooit strekken ter verklaring van den aanvankelijken samengroei van al de Nederlanden, Zuid en Noord te zamen, tot een zekere eenheid. De gelijksoortigheid en samenhang van Vlaanderen, Brabant, Henegouwen, onderling en met de Noordelijke gebieden, heeft in den waterstaat niet haar grond. Men loopt bij het zoeken naar zulke algemeene verklaringsgronden licht gevaar, zich in ijdele bespiegeling te verliezen.'

# BIBLIOGRAFIE



D'Arms, J.H., *Commerce and Social standing in Ancient Rome*, Cambridge (Mass.) 1981

Astin, A.E., *Cato the Censor*, Oxford 1978

Isaac, B., *The Invention of Racism in Classical Antiquity*, Princeton 2004

Bernal, M., *Black Athena. The Afroasiatic Roots of Classical Civilization*, Londen 1999

Casson, L., *Ships and Seamanship in the Ancient World*, Princeton 1971

Champion, C. (red.), *Roman Imperialism. Readings and Sources*, Oxford 2004

Champion, C., *Cultural Politics in Polybius' Histories*, Berkeley 2004

Docter, R., 'Een spectaculair einde: Carthago 246-146 voor Chr.' in: *Lampas* 38 (2005), p. 313-326

Flaubert, Gustave, *Salammbô*, vertaald en ingeleid door Hans van Pinxteren, Amsterdam 1978

Goldsworthy, A., *The Fall of Carthage*, Londen 2006

Gruen, E.S., *Rethinking the Other in Antiquity*, Princeton 2011

Hooff, A. van, 'Hannibals genie, het beeld van Polybios' in: *Lampas* 38 (2005), p. 330-348

Hoyos, D., *The Carthaginians*, Londen & New York 2010

Krul, W.E., 'Huizinga's reis door Amerika', *Groniek* 86 (1984), p. 77-78
Krul, W.E., 'Huizinga en de deftigheid', *De Gids* 168 nr. 2 (2005), p. 117
Lancel, S., *Carthage. A history*, Oxford 1999
Meijer, F., *A History of Seafaring in the Classical World*, Londen & New York 1986
Meijer, F., *Vreemd volk. Integratie en discriminatie in de Griekse en Romeinse wereld*, Amsterdam 2007
Miles, R., *Carthage must be destroyed. The Rise and Fall of An Ancient Civilization*, Londen 2010

Momigliano, A., *Alien Wisdom. The Limits of Hellenization*, Cambridge 1975
Murray, W.M., *The Age of the Titans. The Rise and Fall of the Great Hellenistic Navies*, Oxford 2012
Otterspeer, W., *Orde en Trouw. Over Johan Huizinga*, Amsterdam 2006
Sluiter, I., *Maken en breken. Over taal, identiteit en minderheden*, Leiden 2005
Smolenaars, H., 'Beeldvorming van Hannibal: van Livius tot Victor Mature' in: *Lampas* 38 (2005), p. 349-363
Starr, Ch.G., *The Influence of Seapower on Ancient History*, Oxford, New York 1989
Thiel, J.H., *Studies on the History of Roman Sea-Power in Republican Times*, Amsterdam 1946
Thiel, J.H., *A History of Roman Sea-Power before the Second Punic War*, Amsterdam 1954
Walbank, F.W., *Polybius*, Berkeley, Los Angeles, Londen 1972
Wes, M.A., *Gustave Flaubert en zijn Salammbô: meer dan historisch*, Baarn 1992

INEKE SLUITER

# Denken over Carthago Vergilius en Augustinus

## RESPONS OP DE HUIZINGA-LEZING 2014



In zijn fraaie Huizinga-lezing laat Fik Meijer uitstekend zien hoe een indringende serie historische conflicten Carthago tot de vijand bij uitstek van Rome maakte. Carthago sprak tot de verbeelding. Die verbeelding zien we bijvoorbeeld terug in het portret van Hannibal bij de geschiedschrijver Livius. Hannibal heeft een trouweloosheid *(perfidia)*, zegt Livius, die groter is dan je zelfs van een Puniër, een Carthager, zou verwachten.[1] Zoals zo vaak worden eigenschappen aan de tegenstander verbonden die scherp afsteken tegen de eigen waarden. De drie voornaamste beschuldigingen aan het adres van de Carthagers zijn die van onbetrouwbaarheid, wreedheid en gebrek aan religieuze scrupules.[2] De Romeinen verdedigen natuurlijk precies de tegenovergestelde waarden.[3]

Maar de precieze status van de Romeinse stereotypen over Carthago is voorwerp van een wetenschappelijk debat: wanneer beginnen die stereotypen te circuleren, en gaat het echt om *etnische* stereotypen? Eric Gruen stelt bijvoorbeeld vast dat zelfs rond de verwoesting van Carthago (146 v. Chr.) *Punica fides*, de trouw die je van een Puniër mag verwachten – dus verraderlijkheid – geen grote rol lijkt te spelen in het politieke debat in Rome. Volgens hem gaat het bij de beslissing over het lot van Carthago eerder om politieke, militaire en economische overwegingen.[4]

Dat klinkt allemaal vrij zakelijk. Maar toch is ergens het beeld ontstaan van een conflict met kosmische dimensies, een beeld dat voortleeft tot de dag van vandaag. Romeinen en Carthagers leken tot elkaar veroordeeld. Ligt de fascinatie voor dat conflict alleen in de historische feiten? Of denken wij toch aan een onafwendbare lotsbeschikking die de Romeinen voorgoed tegenover de Carthagers plaatst? En hoe belangrijk zijn waardeoordelen daarin?



De cruciale stap wordt gezet in de eerste eeuw voor Christus, als de historische conflicten allang in het voordeel van de Romeinen zijn beslecht en de Romeinse republiek plaatsmaakt voor het principaat, de opmaat naar het keizerrijk. Ook de geschiedschrijver Livius, hierboven al even genoemd, begint in deze periode aan zijn monumentale geschiedwerk. De grote vernieuwingen ten tijde van Octavianus Augustus vragen om dit soort werk: mensen hebben er behoefte aan te weten hoe de status quo tot stand is gekomen.

Maar voor zulke symbolische verankering zorgt in deze periode niet alleen de geschiedschrijving. Nog belangrijker wordt een epische visie op Rome, waarin goden en helden een rol spelen en de plaats van Rome en Augustus in de wereld gelegitimeerd wordt. Dat had al gauw kunnen leiden tot naargeestige staatspropaganda, maar dat bleef Rome bespaard. Want de dichter die dit werk ondernam, en die Carthago en Rome voorgoed aan elkaar zou verbinden, was niemand minder dan Publius Vergilius Maro, de dichter van de *Aeneis*. Dit gedicht is een monumentaal epos waaraan Vergilius werkte van 29 v. Chr. tot aan zijn dood in 19 v. Chr., en dat slechts door de ongehoorzaamheid van zijn executeur testamentair voor ons bewaard is gebleven, want Vergilius zelf gaf op zijn sterfbed opdracht om het onvoltooide gedicht te verbranden. Al terwijl Vergilius met zijn gedicht bezig was, gonsde het in Rome: hier zou eindelijk de Romeinse tegenhanger van Homerus' *Ilias* en *Odyssee* tot stand komen, een gedicht dat de roem van Rome voor de eeuwigheid zou bewaren.[5]

De Huizinga-lezing van Fik Meijer is een ideale beknopte opmaat tot de lectuur van de *Aeneis*. Want een goed beeld van de historische relatie tussen Rome en Carthago verklaart ten dele de verrassende opening van het gedicht.[6] Meteen na het *prooemium*, waarin het verhaal wordt aangekondigd van een man (de naam van Aeneas wordt nog niet genoemd) die uit Troje vlucht, voortgejaagd door de wrok van godin Juno en die in Italië een stad zal stichten, begint de eigenlijke vertelling als volgt (*Aeneis* 1.12-14):[7]



> *Er is een oude stad, kolonie van Phoeniciërs*
> *recht tegenover Tibermonding en Italië gelegen:*
> *Carthago, rijk aan schatten, fel in strijdlust.*

Carthago! De opening van de *Aeneis* gaat niet over Troje of Rome, maar over Carthago. Als Vergilius zijn epos schrijft, is die stad al geruime tijd geleden met de grond gelijk gemaakt. Augustus is net bezig met een voorzichtige wederopbouw ervan, om er grond te kunnen verdelen onder zijn veteranen. Maar Vergilius construeert hier een verhaal waarin dat alles nog in de verre toekomst ligt. Carthago is de lievelingsstad van godin Juno. En de gedachte dat ooit nakomelingen van Trojaans bloed Carthago zouden verwoesten, kwetst haar bij voorbaat al diep. De Trojanen hadden zich haar dodelijke vijandschap al op de hals gehaald door haar bij het Paris-oordeel de prijs voor de mooiste godin te onthouden. Nu is de Trojaan Aeneas op weg om een stad te stichten die uiteindelijk het grootse Rome zal worden – en Rome zal Carthago's aartsvijand en haar ondergang worden.

Het conflict tussen Rome en Carthago wordt onderdeel van een kosmische en mythische geschiedenis, waarin goden en lot een grote rol spelen. De formulering in deze eerste introductie van de stad is belangrijk: *Italiam contra* – tegenover Italië – is een geografische aanduiding, maar vanzelfsprekend horen we er het antagonisme in mee.[8] Aeneas is de zoon van de godin Aphrodite en hij is degene tot wie Julius Caesar – en dus ook Augustus – zijn afkomst herleidt. In latere tijden wordt verteld dat de geheime naam van Roma 'Amor' is (de omkering ervan).[9]



Aeneas, Rome, Augustus: de hele wereldgeschiedenis vertoont één logische samenhang en ergens daarbinnen is er een sleutelrol voor de liefde weggelegd. Vanuit het diepe perspectief van het mythische verleden is al te zien dat Carthago en Rome tot elkaar veroordeeld zijn als eeuwige tegenstanders. Verwijzingen naar de Punische Oorlogen nemen in dit epos dus steeds de vorm aan van vooruitverwijzingen.[10]

De eerste vijandige actie die Juno in de *Aeneis* onderneemt, is het veroorzaken van een storm die een groot deel van Aeneas' mannen het leven kost. Uit de koers geslagen landen de overlevenden op de Afrikaanse kust. Ze vinden hun weg naar Carthago, en daar speelt zich de tragische liefdesgeschiedenis af waarmee de meeste mensen tegenwoordig hun kennismaking met de *Aeneis* beginnen: die tussen Aeneas, stamvader van het Julisch-Claudische huis, en koningin Dido van Carthago.

In die relatie toont Vergilius zijn meesterschap en ook zijn onwil om zijn personages tot eendimensionale stereotypen te maken. Hij lijkt zelfs te spelen met de gedachte (of laat Dido dat doen) dat de Romeinen en Carthagers ook een eenheid hadden kunnen vormen. Ze hebben veel van elkaar weg, de staatsinrichting van Carthago lijkt verdacht veel op die van het latere Rome en Dido biedt voorbeeldige gastvrijheid aan. In feite verloopt alles vreedzaam tot de goden zich ermee gaan bemoeien.[11] Dido is bovendien een toonbeeld van goed koningschap: onder haar leiding wordt de stad Carthago opgebouwd, hoewel die bij ons lezers als een 'oude stad' is geïntroduceerd.[12] Zij is deskundig en sympathiek en dat geldt ook voor de andere Carthagers.



Vergilius maakt het ons nooit gemakkelijk. Zoals de Amerikaanse geleerde Starks schrijft: 'Wat moet een Romein beginnen met een nationaal stichtingsepos dat een beeld biedt van hardwerkende, godvrezende, eerlijke en eerzame Carthagers?'[13] Hoewel Dido niet per se 'Romeins' is, kan ze in elk geval in Romeinse ogen niet typisch Carthaags zijn geweest.[14] Wat had kunnen worden gezien als 'typisch Carthaagse' trekjes, legt zij alleen aan de dag als reactie op de problematische kanten van Aeneas.[15] Toegegeven, nadat hij haar in de steek heeft gelaten en als een dief in de nacht is weggevaren, roept ze wel dat ze hem aan stukken had moeten hakken of hem zijn zoontje Ascanius als maaltijd voor had moeten zetten.[16] En uiteindelijk vervloekt zij Aeneas in een gebed tot de Zon, Juno, Hecate en de Furiën, en roept zij de Carthagers op tot eeuwige vijandschap, in termen die het *Italiam contra* waarover we het al hadden, weer in herinnering roepen:[17]

> *En u, Carthagers! U moet later al wie na hem komen*
> *met haat bestoken en aldus uw eer bewijzen aan*

> *mijn as. Geen liefde, geen verbond mag met ons volk bestaan!*
> *En uit mijn graf zal eenmaal wraak verrijzen: een Carthager*
> *die die Trojaanse kolonisten met zijn vuur en zwaard*
> *doet vluchten, nu of later, op het uur dat macht gaat spreken!*
> *Ik bid om vijandschap van kust tot kust, van zee tot zee,*
> *van leger tegen leger; strijd voor hen en al hun zonen...*



Maar ja: Dido's barbaarse wensen als Aeneas ervandoor gaat, zijn ook verklaarbaar als de wanhoopskreten van iemand die dodelijk geraakt is: *'Heav'n has no Rage, like Love to Hatred turn'd / Nor Hell a Fury, like a Woman scorn'd.'* Je zou in deze passage ook kunnen lezen dat het de proto-Romein is die de Carthager tot Carthager maakt. En Dido's vloek is de enige wraak die haar nog rest. Het ziet er al met al naar uit dat Dido tot en met haar zelfmoord gerekend moet kunnen hebben op het begrip en de sympathie van de lezer.[18]

Aeneas daarentegen is een verre van onproblematische held: ten minste één van de goden heeft een grote hekel aan hem, hij komt hier en daar verwijfd over, te zeer gesteld op mooie kleren en luxe, en vooral natuurlijk: hij breekt zijn woord – weliswaar omdat de goden hem tot hoger taken roepen – en laat Dido op trouweloze wijze zitten. Uiteindelijk gaat hij er zelfs zonder nader afscheid in de nacht vandoor.[19]

Paradoxaal genoeg kan Dido Aeneas alles verwijten wat de Romeinen ook maar met de Carthagers konden hebben geassocieerd, en dat doet ze ook: hardheid, wreedheid,[20] slechtheid, trots, maar *perfidia* – gebroken beloften en verraderlijkheid –

springt er wel uit.[21] Vanuit het perspectief van Dido gaat het daarbij natuurlijk niet om typisch Carthaagse, maar om typisch Trojaanse eigenschappen.[22] *Punica fides*, misschien de belangrijkste negatieve eigenschap van de Carthagers, wordt hier dus juist overgedragen op onze proto-Romein bij uitstek.

Al in de Oudheid zelf heeft men op die problematische trekjes van onze held gewezen en ook in de moderne wetenschap is het debat over de interpretatie daarvan niet afgerond.[23] De retor Tiberius Claudius Donatus (ca. 400 na Chr.), die een interpretatie van Vergilius schreef, verdedigt ze door ze in dienst te stellen van het hoofddoel van de *Aeneis*, volgens hem 'het prijzen van Augustus'. Dat lukt alleen als niet alles suikerzoet is. Juist de kritische noten maken de lofprijzingen geloofwaardiger.[24] Hoe dat ook zij, het lijdt geen twijfel dat het de *Aeneis* van Vergilius is die de plaats van Carthago in de Romeinse verbeelding voorgoed verankerd heeft.



Als slot van deze natuurlijk zeer onvolledige beschouwing over de symbolische rol van Carthago voor de Romeinen, *'fast-forward'* ik een paar eeuwen naar de *Confessiones* (Belijdenissen) van de kerkvader Augustinus. We zitten tegen het eind van de vierde eeuw na Christus en Carthago maakt al eeuwenlang in betrekkelijke rust deel uit van het Romeinse Rijk. Het is een grote stad, met goede hoogleraren. De jonge Afrikaanse Romein Augustinus gaat dan ook, nadat hij in en rond zijn geboortedorp basis- en middelbaar onderwijs heeft gevolgd, naar deze grote stad om retorica en wijsbegeerte te studeren. Met Vergilius had hij natuurlijk al veel eerder kennisgemaakt. Op de middelbare school las hij over diens omzwervingen en erop terugkijkend bromt hij dat hij in die tijd beter over zijn eigen geestelijke dwaaltocht had kunnen nadenken. Ook moest hij huilen om het verhaal van Dido's liefdesdood, zonder dat hij merkte dat hijzelf ook aan het 'wegsterven' was 'van God' – iets waarom hij meer reden tot huilen zou hebben gehad.[25] Achteraf beweert hij dat hij die lectuur van Vergilius en zijn eigen reactie erop niet belangrijk vindt. Maar een beetje moeten wij wel aan die woorden twijfelen als we zien hoe diepgaand de invloed van Vergilius is op Augustinus' werk. Hij is ervan doordrenkt en het heeft hem gevormd. De vergiliaanse echo's in zijn werk zijn niet te tellen.[26]



Op zijn periode in de grote stad Carthago kijkt Augustinus met zeer gemengde gevoelens terug. Hij was, vindt hij achteraf, met heel verkeerde dingen bezig. Hij studeerde, maar genoot ook van het theater en andere stads vertier, en viel van de ene fanatiek beleden levensovertuiging in de andere: nu weer een bevlieging voor filosofie, dan weer de plotselinge aantrekkingskracht van het manicheïsme, steeds op zoek naar leermeesters die hij kon volgen. Uiteindelijk besloot hij naar Rome te gaan, misschien een beetje uit ambitie, misschien in de hoop om daar interessantere condities te vinden om les te geven, want hij was inmiddels zelf leraar in de welsprekendheid.

Hoe dan ook, Augustinus moest zich losmaken van Carthago, en niet alleen dat: hij moest zich, vond hij, ook losmaken van zijn moeder, die aldoor zijn lijntje met God was geweest en dat ook zou blijven. Zij had zich eindeloos zorgen om hem gemaakt en was bijzonder aan hem gehecht. Zij kwam hem achterna helemaal tot aan de zee en wilde dat hij terug naar huis kwam. En anders wilde ze met hem mee naar Italië. Hij probeert een smoesje: ik slaap vannacht bij een vriend tot ik kan uitvaren. Ze trapt er niet in en wil niet bij hem weg. Wel krijgt hij haar zover dat ze weggaat om te slapen, op een plek in de buurt van het schip. En die nacht vertrekt hij stiekem.

Al dit gedrag beschrijft hij met het ene na het andere woord voor leugens en bedrog.[27] Zijn moeder huilt en huilt. Bedriegelijk en wreed noemt ze Augustinus' gedrag.[28] Maar als ze zich tot hogere machten richt, is het uiteindelijk om toch weer voor hem te bidden. Ze gaat naar huis en pakt haar leven weer op. En Augustinus? *Et ego Romam*, zegt die: en ik naar Rome!



Er is geen reden om te twijfelen aan de waarheid van de kern van Augustinus' verhaal: hij wilde naar Rome. Zijn moeder wilde hem niet laten gaan. Hij kneep er stiekem in de nacht tussenuit. Maar over de vormgeving van zijn herinnering kan ook geen twijfel bestaan: hij heeft zelf de overeenkomst gezien tussen zijn gedrag en dat van Aeneas, de parallel én het verschil tussen het gedrag van moeder Monica en dat van Dido. Augustinus gedraagt zich als... wie? Een verraderlijke Carthager of de stamvader van het Romeinse Rijk?

Carthagers en Romeinen zijn in deze tijd werkelijk versmolten, in die zin is de visie van Vergilius waarheid geworden. In elk geval is Augustinus nog niet op het goede pad beland. Hij gedraagt zich als een pagane held in plaats van als een christelijke zoon. Maar wat hij terugkijkend (niet op het moment zelf) ook met Aeneas deelt, is de gedachte dat uiteindelijk de goddelijke wil zijn reis bepaalt.

En hoe zit het met Monica? Zij benoemt het gedrag van haar zoon in wat we als Carthaagse stereotypen hebben leren kennen, die al bij Vergilius werden overgedragen van de Carthaagse Dido op de Trojaan en proto-Romein Aeneas. Net als Dido is zij een goede vrouw, die onze sympathie verdient, en die verraderlijk bedrogen wordt. Anders dan Dido wint haar moederliefde het van haar boosheid op haar zoon: Dido's vervloeking, het moment waarop zij toch nog bijna een barbaarse wordt, wordt bij Monica vervangen door haar liefdevolle gebed om het welzijn van haar zoon. Monica is geen 'Carthaagse' en zeker geen barbaar: ze is de christelijke vrouw van de Romein Patricius.

Natuurlijk, wie denkt aan Carthago, denkt aan de Punische Oorlogen en aan Hannibal. Maar na Vergilius kan niemand meer heen om Dido en Aeneas. *'Remember me!'* zingt Dido in haar schitterende aria in Purcells opera *Dido and Aeneas*. *'Remember me!'* Augustinus wist het nog. Hij kon zichzelf alleen maar als Aeneas zien vertrekken omdat er een Dido op de kust achterbleef. Vergilius is onmisbaar in de symbolische geschiedenis van Carthago. *'Remember me!'*: dat doen wij.

# NOTEN



1 Livius *Ab Urbe Condita* 21.4.9.
2 Starks 1999, 257.
3 Zo bijvoorbeeld over Dido als *'other'*, Hexter 1992.
4 Gruen 2011, 131-137, hier vooral 131.
5 Zie bijvoorbeeld de dichter Propertius (een tijdgenoot van Vergilius), 2.34.65-66: 'iets dat nog groter is dan de *Ilias* wordt geboren'. Maar ook bij Propertius is niets wat het lijkt: concurrentie en verhulde kritiek spelen in dit gedicht ook een rol, zie Stahl 1985, 172-188 (= hoofdstuk 7 *'weighing the new Homer'*). Propertius is dus mogelijk net zozeer voor meerdere lezingen vatbaar als Vergilius zelf, zie n. 23.
6 Voor een uitstekend beknopt overzicht over de rol van Carthago in de *Aeneis*, zie Miles 2010, 461-466. De bespreking hier raakt veel van dezelfde stof.
7 De vertalingen van de *Aeneis* zijn van M. d'Hane Scheltema, licht aangepast waar het betoog een nauwere aansluiting bij het Latijn nodig maakte.
8 Korenjak 2004 verklaart hoe deze frase, die op ons misschien als klungelige aardrijkskunde overkomt, toch als een (begrijpelijke en niet onjuiste) geografische aanduiding kan dienen en hoe die *'an ideal symbolic basis for historical conflict'* vormt.

9 Johannes Lydus (6de eeuw na Chr.), 'Over de maanden', 125.2vv. in de editie van Wuensch.

10 Voor een opsomming en bespreking van deze verwijzingen zie Horsfall 1990, 128-131 [1973-4].

11 Voor de mooie match tussen de twee volken, zie Reed 2007, 84; voor hun *'peaceful blend'*, zie Gruen 2011, 134v.

12 Voor de relatie met de bouwactiviteiten onder Augustus, zie Harrison 1984. Carthago als oude en nieuwe stad past bij het spel met tijd en anachronisme, waarvan ook de openingsverzen van de *Aeneis* een voorbeeld zijn: zie Reed 2007, hoofdstuk 5 (129-147).



13 Starks 1999, 268: *'What is a Roman to do with a national foundation epic that offers him hardworking, god-fearing, honest and honorable Carthaginians?'*

14 Starks 1999, 268.

15 Syed 2005, 144; wel verbreekt ze haar belofte aan haar overleden eerste echtgenoot om geen andere man meer toe te laten, maar dat wijst niet op een karakterfout (zie Starks 1999, 276; tegen Horsfall 1973-4, 6).

16 Starks 1999, 277. Vergilius *Aeneis* 4.600-602.

17 *Italiam contra*: Vergilius *Aeneis* 1.13, zie boven; De vervloeking: Vergilius *Aeneis* 4.606-628; hier vooral 627-628; uiteraard zien we hier ook één van de verwijzingen naar de Punische Oorlog en het optreden van Hannibal, zie bijv. Reed 2007, 72.

18 Tegen Horsfall 1973-4, die ervan uitgaat dat ongunstige Dido-portretten in oudere Romeinse literatuur (m.n. Naevius) het onmogelijk maken dat een Romeins publiek haar sympathiek zou hebben gevonden; maar zie bijv. Syed 2005, 143v.

19 Starks 1999, 272vv.

20 Vergilius *Aeneis* 4.311.

21 Starks 1999, 274f. zet alle plaatsen bij elkaar.

22 Starks 1999, 279. Het ironische is dat in Vergilius dit soort leugenachtig gedrag, *dolus*, door de Trojanen juist weer aan de Grieken wordt toegeschreven, waardoor ze het verhaal geloven van een infiltrant die hierop speculeert. Zie Vergilius *Aeneis* 2.76vv. over het optreden van Sinon, die de Trojanen zover moet brengen dat ze het Trojaanse paard binnenhalen.

23 Het debat gaat over 'optimistische' of 'pessimistische' lezingen van de *Aeneis*, en over de mogelijkheid van een subversieve kant aan Vergilius, die juist ondermijnend zou kunnen zijn voor Augustus. De ambivalentie van het epos wordt het duidelijkst besproken in Thomas 2001.



24 Zie Copeland-Sluiter 2009, 141-147.

25 Augustinus *Confessiones* 1.13.20-22.

26 Zie MacCormack 1998, die niettemin een poging doet om ze allemaal te vinden.

27 Augustinus *Confessiones* 5.8.15, waarin de hele scène staat. *Fefelli... finxi... mentitus sum... clanculo* (ik bedroog, ik verzon, ik loog, stiekem).

28 Zij beschuldigt hem van *fallaciae* (bedrog) en *crudelitas* (wreedheid), Augustinus *Confessiones* 5.8.15.

# BIBLIOGRAFIE



Copeland, Rita & Ineke Sluiter (eds.). 2009. *Medieval Grammar and Rhetoric. Language Arts and Literary Theory, AD 300-1475*. Oxford.

d'Hane Scheltema, M. 2012. *Vergilius. Het verhaal van Aeneas*. Amsterdam [eerste druk 2001].

Gruen, E.S. 2011. *Rethinking the Other in Antiquity*. Princeton.

Harrison, E.L. 1984. 'The *Aeneid* and Carthage', in: T. Woodman & D. West (eds.), *Poetry and Politics in the Age of Augustus*. Cambridge, 95-115.

Harrison, S.J. (ed.) 1990. *Oxford Readings in Vergil's Aeneid*. Oxford.

Hexter, R. 1992. 'Sidonian Dido', in R. Hexter and D. Selden (eds.), *Innovations of Antiquity*. New York-London, 332-384.

Horsfall, N.M. 1990 [1973-74]. 'Dido in the Light of History', in: S.J. Harrison 1990, 127-144 (oorspr. in *Proceedings of the Virgil Society* 13, 1-13).

Korenjak, M. 2004. '*Italiam contra Tiberinaque longe/ostia:* Virgil's Carthago and Eratosthenian geography', *Classical Quarterly* 54, 646-649.

MacCormack, Sabine. 1998. *The Shadows of Poetry. Vergil in the Mind of Augustine*. Berkeley.

Miles, Richard. 2010. *Carthago. Opkomst en ondergang van een stad*. Amsterdam [oorspr. *Carthage Must Be Destroyed. The Rise and Fall of an Ancient Civilization*. London].

Reed, J.D. 2007. *Virgil's Gaze: Nation and Poetry in the* Aeneid. Princeton.

Sleddens, Wim. 2009. *Aurelius Augustinus Belijdenissen [Confessiones]. Ingeleid, vertaald en van aantekeningen voorzien door Wim Sleddens O.S.A.* Budel.

Stahl, Hans-Peter. 1985. *Propertius: love' and 'war': individual and state under Augustus*. Berkeley. 

Starks, J.H., Jr. 1999. '*Fides Aeneia:* The Transference of Punic Stereotypes in the *Aeneid*', *Classical Journal* 94, 255-283.

Syed, Y. 2005. *Vergil's Aeneid and the Roman Self: Subject and Nation in Literary Discourse*. Ann Arbor.

IRENE START

# 'Carthago zit diep in ons'

## INTERVIEW MET FIK MEIJER

Toen Fik Meijer (1942) nog een jongetje was, woonde hij in Leiden niet ver van het huis van historicus Johan Huizinga (1872-1945). Zijn vader wees hem er altijd op en zei dan: 'Hier leefde de grootste historicus van Nederland.' Dat Huizinga hors categorie was, had Meijer meteen door. 'Huizinga was boven alles verheven, dat heb ik altijd wel begrepen.' 

De emeritus hoogleraar Oude Geschiedenis aan de Universiteit van Amsterdam is behoorlijk getraind in het geven van lezingen. Maar hij vond het toch bijzonder toen hij werd gevraagd voor de 43ste Huizinga-lezing, die hij op 12 december in de Pieterskerk in Leiden zou uitspreken.

Het onderwerp van de lezing is Carthago. Het sluit mooi aan bij de grote Carthago-tentoonstelling die eind november 2014 opende in het Rijksmuseum van Oudheden in dezelfde stad én Meijer licht een periode uit de antieke geschiedenis die al decennia tot de verbeelding spreekt. 'Het is de plek van mythische figuren als koningin Dido, de Trojaanse held Aeneas, krijgsheer Hannibal, keizer Augustus en kerkvader Augustinus.'

Meijer bezocht de resten van de Noord-Afrikaanse stad, die op zo'n 10 kilometer afstand liggen van de huidige hoofdstad Tunis, als dertiger. Voor een classicus met als specialisatie antieke scheepvaart wellicht wat aan de late kant. 'Maar ach, het Forum Romanum in Rome zag ik ook pas toen ik al was gepromoveerd. In die tijd was ik nogal dol op zeilen en reisde ik liever naar Ibiza, waar het toen nog leuk was.'

Carthago werd rond 814 voor Christus gesticht door de nakomelingen van de Feniciërs en was in de eeuwen voor Christus een bloeiende handelsstad, die evenveel kans maakte als Rome om het Middellandse Zeegebied te domineren. Maar het liep anders: het zeevarende volk werd in drie Punische Oorlogen verrassend vernederd door de Romeinen, toch een volk van boeren. 'Dat de Romeinen de eerste zeeslag wonnen, was onverwacht. Niet in de laatste plaats voor de Carthagers zelf, die al zingend op de Romeinen afvoeren, op weg naar wat ze dachten dat een zekere overwinning zou worden.'



De Romeinen presenteerden het alsof ze met de oorlogen hadden 'aangetoond' dat een volk dat boert beter is dan een volk van zeevaarders. Opkomst, bloei en verval – dat is iets wat alle steden overkomt, zegt Meijer. Wat Carthago zo interessant maakt, is dat de overwinnaars een extreem beeld schetsten van de verliezers.

De Carthagers zouden barbaren zijn, onbetrouwbaar. Ze offerden hun kinderen, tijdens die offeringen werd luide muziek gespeeld om de kreten van de slachtoffertjes te overstemmen. Zoiets zouden de Romeinen met hun hoge beschavingspeil nooit doen, uiteraard. Pure demonisering, zegt Meijer. 'De Romeinse filosoof Cicero zei bijvoorbeeld dat Carthagers niet deugen omdat ze zo dicht bij de zee wonen.'

Volgens Meijer is wat ná de Punische Oorlogen gebeurde veelzeggend. De Romeinen gingen zich namelijk gedragen als de Carthagers die ze verfoeiden. Ze dreven handel, iets wat voorheen niet door de beugel kon. Zelfs de Romein Cato de Oudere, de grote voorstander van vernietiging van Carthago, ging in handel en zeeschepen.

Carthago bloeide na een periode van honderd jaar weer op en werd zelfs de derde stad in het Romeinse Rijk. Hoe we over de stad en zijn inwoners denken, is altijd gekleurd geweest, zegt Meijer. 'Overgeleverd zijn de verhalen van Romeinse geschiedschrijvers die de Carthagers afschilderden als agressieve indringers die de antieke wereld onder de voet wilden lopen en niet de meer gematigde versies.'



Dat 'Romeinse filter' werkte lang door, denk aan Gustave Flauberts roman *Salammbô* over Carthago uit 1862, een bonte mix van seksueel sadisme en decadentie. 'Onze kijk op die episode uit de geschiedenis is gekleurd. Onze blik is hellenocentrisch en chauvinistisch. Dé les van Carthago is dat je niet alleen je eigen waarden hoog in het vaandel moet houden, maar ook oog moet hebben voor het andere.'

Op de Carthago-tentoonstelling zijn 250 archeologische vondsten uit de regio te zien, waaronder bruiklenen van het Louvre en het British Museum. Veel stukken komen uit het Tunesische Musée National du Bardo en het museum van Carthago. In de museumzalen is veel aandacht voor de geschiedenis. Meijer legt in zijn werk graag een link naar het heden. Dat wordt ondubbelzinnig duidelijk in de boeken die hij de afgelopen tien jaar schreef en waarvoor hij ook de OIKOS Publieksprijs ontving, een onderscheiding voor een classicus die de Oudheid succesvol onder de aandacht van een groot publiek heeft gebracht.

Meijer schreef onder meer over keizers, Paulus en gladiatoren – de laatsten zette hij neer als de voetbalsterren van hun tijd. Eén van zijn boeken is getiteld *De oudheid is nog niet voorbij*. Zo denkt Meijer er ook echt over; de antieke wereld lijkt ver van ons af te staan, maar de Grieken en Romeinen worstelden met een aantal van dezelfde vragen als wij en hadden het even moeilijk om daarop antwoorden te vinden.

'Ook zij kregen te maken met het vraagstuk van een waardige oude dag, met critici die de door hen gekozen staatsvorm op de korrel namen, met mensen die zich schaamteloos verrijkten, met martelaren uit vrije wil, en met straatcriminaliteit, prostitutie en tekortschietende hygiëne.'



Terwijl Johan Huizinga niet van reizen hield en tijdens een drie maanden durend verblijf in de Verenigde Staten in het begin nogal mopperde op zijn gastland, waar het allemaal minder mooi was dan thuis, is Meijer een echte reiziger. Twaalf tot veertien weken per jaar is hij van huis, meestal in het voor- en najaar. Jaarlijks maakt hij met zijn vrouw Marianne, hun kinderen en kleinkinderen ten minste één reis naar het mediterrane gebied. Zijn kleinkinderen – vijf jongens in de leeftijd van tien tot dertien jaar – vinden het heerlijk als opa vertelt.

Maar reizen is ook werk geworden; de historicus begeleidt groepen voor reisorganisatie Voyage & Culture. Zijn bestemmingen zijn plekken die van historisch belang waren in Italië, Griekenland en Turkije. Voorheen ging hij ook naar Libië, maar vanwege de strubbelingen daar niet meer.

Het reizen moest hij wel leren waarderen, zegt Meijer. 'Ik ben niet zo erg als mijn broer Har. Voor hem begint 10 kilometer buiten Leiden de buitenwereld. Maar ik moest er wel aan wennen. Zoals Seneca al zei, iemand die op reis gaat, neemt zijn zorgen gewoon mee.'

Dat reizen begeleiden niet altijd meevalt, is te lezen in Meijers amusante boek *Muren van alle tijden. Overpeinzingen van een reisleider*, dat in 2014 verscheen. 'De meeste groepsreizigers zijn aardige, leergierige mensen, best bereid zich te schikken. Maar er zitten er ook genoeg tussen die veeleisend, betweterig en slecht ter been zijn, of een dringende behoefte hebben om hun partner in een kwaad daglicht te stellen, liefst met zoveel mogelijk getuigen.'

*Muren van alle tijden* is juist zo leuk omdat de reisleider niet alleen de groepsreizigers op de korrel neemt, maar ook eerlijk is over zijn eigen gebreken. Zo wordt Meijer ongeduldig in grote musea, waarin groepen toeristen elkaar voortduwen en ook suppoosten hem als gids geen tijd en ruimte gunnen om zijn verhaal af te maken. Daarnaast weet ook een hoogleraar niet alles; toen hij voor het eerst in Turkije was, kwam hij er niet helemaal uit met het verhaal over de herkomst van de tulp en moest iemand uit de groep hem te hulp schieten.



Meijers missie is het openbreken van de Oudheid, ook voor wie nog weinig van de antieke geschiedenis weet. 'Wat dat betreft ben ik een beetje een oude schoolmeester – niet gek na een leven lang lesgeven en met een vader als leraar.'

Dit artikel verscheen oorspronkelijk, in iets andere vorm, in *Elsevier* van 15 november 2014

GERRY VAN DER LIST

# Poëtische historie

## LEVENSSCHETS VAN JOHAN HUIZINGA



Natuurlijk is er een lezing genoemd naar Johan Huizinga (1872-1945). Hij is immers Nederlands grootste historicus, die ook – en dat is vrij uitzonderlijk – in het buitenland aanzien heeft verworven. Van ontwikkelde Nederlanders wordt nog altijd verwacht dat zij minstens een paar citaten van de intellectuele reus kennen. Zij moeten bijvoorbeeld weten wat de openingszinnen zijn van *In de schaduwen van morgen* (1935) ('Wij leven in een bezeten wereld. En wij weten het.') en hoe de auteur geschiedenis definieerde ('de geestelijke vorm waarin een cultuur zich rekenschap geeft van haar verleden').

De locatie van de 43ste Huizinga-lezing, en de eerste die *Elsevier* mede heeft georganiseerd, was op 12 december de Pieterskerk in Leiden. Een zeer geschikte plek. Allereerst omdat Huizinga aan de plaatselijke universiteit hoogleraar algemene geschiedenis was. Daar nam hij in 1933 stelling tegen het nationaal-socialisme door een antisemitische Duitse geleerde te verzoeken een conferentie te verlaten.

De Leidse periode was overigens niet de gelukkigste in het leven van Huizinga. Zeker op persoonlijk vlak waren de jaren als hoogleraar in Groningen de mooiste. In zijn geboortestad had hij Nederlandse letteren gestudeerd om, na een tijdje als leraar geschiedenis op middelbare scholen te hebben gewerkt, een aanstelling te krijgen aan de Groningse universiteit. Huiselijk geluk vond hij in zijn huwelijk met een Middelburgse burgemeestersdochter, met wie hij vijf kinderen kreeg. Uit de herinneringen van zoon Leonhard (1906-1980), die bekend zou worden als de schrijver van een reeks boeken over het komische duo Adriaan en Olivier, komt het idyllische beeld naar voren van een harmonieus gezin met een gezellige pater familias. 'Ik zie hem alleen maar vrolijk: met moeder en ons in de bloeiende tuin, aan tafel met eindeloze grapjes, *maître de plaisir* op feesten en verjaardagen.'



Maar 1914 was een rampjaar. De Eerste Wereldoorlog verstoorde de illusies van Huizinga over een vreedzame wereld en zijn beminde echtgenote overleed aan kanker. Deze dramatische gebeurtenissen hadden vanzelfsprekend een grote invloed op de geestesgesteldheid van Huizinga. De jaren daarna voltooide hij zijn beroemdste werk, *Herfsttij der Middeleeuwen* (1919), dat somberder werd dan aanvankelijk de bedoeling was omdat er in de woorden van de schrijver 'te veel van de schaduw des doods' over was gevallen.

De Pieterskerk is eveneens een gepaste plek voor de Huizinga-lezing als symbool van de kracht van het christendom. In het Interbellum profileerde Huizinga zich steeds meer als een conservatieve cultuurpessimist. Net als geestverwanten en tijdgenoten als de Spanjaard José Ortega y Gasset en de Duitser Oswald Spengler maakte hij zich grote zorgen om de degeneratie van de cultuur. Als tegenwicht tegen het verval van de beschaving zag de kleinzoon van een doopsgezind predikant het christelijk geloof.

Huizinga leed aan de tijd, zo is wel gezegd. Hij zag alleen

maar narigheid om zich heen. Massapsychose, ontaarding van de beeldende kunst, sportverdwazing, aanbidding van de technologie, zedeloosheid, verheerlijking van het lichaam: al deze kwalen hoorden bij de ernstige sociaal-culturele ziekte die hij, als een soort cultuursociologische arts, in de klaagzang *In de schaduwen van morgen* onder de loep nam. Het zag er slecht uit, luidde de sombere diagnose. De enige remedie lag in een nieuwe ascese, een overgave aan 'Hem die sprak: "Ik ben de weg, en de waarheid, en het leven"'.



Het hoeft geen verbazing te wekken dat juist christelijke historici als A.Th. van Deursen en George Harinck later met instemming hebben verwezen naar de cultuurkritiek van Huizinga. Anderen lijken er een beetje mee in hun maag te zitten. De socialistische geschiedkundige Jan Romein bijvoorbeeld noteerde dat de schrijver van *In de schaduwen van morgen* helaas in een ietwat roestige wapenuitrusting tegen de 'goden der eeuw' ten strijde was getrokken. Het boek doet, met zijn felle kritiek op de 'radicale ondeugd, onkuischheid genaamd' en het 'vulgaire radiogebruik', nogal ouderwets aan. En het geloof van Huizinga in de christelijke zedewet 'als opperste richtsnoer van het menschelijk leven' klinkt eveneens als een overtuiging uit een ver verleden.

Voor diegenen die Huizinga als cultuurkritische onheilsprofeet te somber of te confessioneel vinden, zijn er gelukkig de geschiedenisboeken waarin hij zich als een originele, erudiete, analytische geest met een bijzonder stilistisch vermogen liet kennen. Zoals *Erasmus* (1924), een studie die internationaal veel aandacht trok. En *Homo ludens* (1938), een 'proeve eener bepaling van het spel-element der cultuur' waarin de spelende mens zeer serieus wordt belicht.

En dan is er natuurlijk *Herfsttij*, met zijn pakkende begin. 'Toen de wereld vijf eeuwen jonger was, hadden alle levensgevallen veel scherper uiterlijke vormen dan nu. Tusschen leed en vreugde, tusschen rampen en geluk scheen de afstand grooter dan voor ons; al wat men beleefde had nog dien graad van onmiddellijkheid en absoluutheid, die den vreugd en het leed nu nog hebben in den kindergeest.'

Wat onmiddellijk opvalt aan zo'n beeldende passage, is de geëtaleerde liefde voor de Nederlandse taal, het streven naar mooie, pakkende formuleringen. *Herfsttij*, oorspronkelijk opgezet als een studie van de schilder Jan van Eyck, heeft een interessante invalshoek. De Middeleeuwen zijn niet, zoals zo vaak is geschreven, een duistere periode die zeer negatief afsteekt bij de stralende Renaissance. Nee, het was een tijdvak met zijn eigen glorie en met nastrevenswaardige deugden als trouw en opofferingsgezindheid. 'Het leven had in menig opzicht de kleur van een sprookje,' schreef de sprookjesliefhebber Huizinga.



Maar het boek werd niet alleen een klassieker door het betoog. Het maakte mede zo'n grote indruk door het taalgebruik. Huizinga was niet de man van exacte, wetenschappelijk verantwoordelijke redeneringen, theoretische bouwwerken of uitgebreide verslagen van archiefonderzoek. Hij bewonderde de Tachtigers, de literaire beweging aan het eind van de negentiende eeuw die hem had geleerd 'de wetenschap ver beneden de kunst te stellen'. Hij was een dichter in het diepst van zijn gedachten, die met dichterlijke verbeeldingskracht historische gebeurtenissen beschreef. Hij was het eens met zijn grote voorbeeld. De Zwitserse historicus Jacob Burckhardt (1818-

1897) had geschreven: 'Geschiedenis is en blijft voor mij poëzie in de hoogste zin.'

Dat Huizinga, in tegenstelling tot veel van zijn collega's, navolgers en critici, nog altijd wordt gelezen, heeft veel te maken met de literaire kwaliteit van zijn oeuvre. Dat is ook de opvatting van Willem Otterspeer. De Leidse historicus (en biograaf van W.F. Hermans) publiceerde in 2006 een mooie inleiding tot Huizinga, *Orde en trouw* (De Bezige Bij), waarin hij uitgebreid ingaat op diens virtuoze taalbeheersing. Door het gebruik van allerlei literaire technieken, zoals begin- en binnenrijm, gaf de meester van de evocatie zijn proza een bijzondere muzikaliteit. Zoals in *Homo ludens*: 'Het spel bindt en verlost. Het boeit. Het bant, dat wil zeggen betoovert.'



De voorkeur voor alliteratie van Huizinga komt ook tot uitdrukking in het woord 'hazenhartje' waarmee hij de 28 jaar jongere huishoudster omschreef bij wie hij op hoge leeftijd de liefde hervond. Zijn huwelijksreis haalde de voorpagina van *De Telegraaf* – de historicus was een beroemde Nederlander. Grapjes over de 'Bronsttijd der Middeleeuwen' deerden hem niet. Hij was gelukkig met zijn echtgenote en hun dochtertje.

Huizinga stierf op 1 februari 1945, kort voor de bevrijding. De Tweede Wereldoorlog leek al zijn sombere analyses van de moderne tijd te bevestigen. Maar het is mooi te weten dat de cultuurpessimist te midden van het oorlogsleed troost vond bij een vrouw die, zoals hij opgetogen schreef, 'mijn late jaren vult met de glans van geluk'.

Dit artikel verscheen oorspronkelijk in *Elsevier* van 8 november 2014

LENNAERT LUBBERDING

# Kleine geschiedenis van de Huizinga-lezing



De Huizinga-lezing wordt gehouden onder auspiciën van de Faculteit der Geesteswetenschappen van de Universiteit Leiden, de Maatschappij der Nederlandse Letterkunde en de redactie van *Elsevier*, die in 2014 deze taak overnam van de redactie van *NRC Handelsblad*.

De lezing is een eerbetoon aan de historicus en cultuurfilosoof Johan Huizinga (1872-1945). De eerste lezing werd gehouden op vrijdag 8 december 1972, een dag na Huizinga's honderdste geboortedag. In de beginjaren werd de voornaam van de hoogleraar nog genoemd in de naam van de lezing, later werd het kortweg 'de Huizinga-lezing'.

Van oudsher wordt de lezing gehouden in Leiden, de stad waar Huizinga vanaf 1915 hoogleraar Algemene Geschiedenis was. Sinds 1983 is de Pieterskerk de vaste locatie van de lezing. In de begintijd is de lezing ook gehouden in de Hooglandse Kerk en – eenmalig in 1973 – in de aula van de Gorlaeus Laboratoria. 'Omdat de verschrikkelijke koude van de Pieterskerk ons naar het warme (maar toch kille) Gorlaeuslaboratorium verjoeg,' schrijft historicus Henk Wesseling in zijn inleiding bij de bundel *'Alle cultuur is streven.' De verzamelde Huizinga-lezingen 1972-1986*, met daarin de eerste vijftien lezingen. Wesseling schrijft dat de commissie die de lezing van Mary McCarthy in 1973 organiseerde, 'had besloten de Pieterskerk te verruilen voor de weinig sfeervolle, maar in ieder geval verwarmbare ruimten van het Gorlaeus-laboratorium'. Het daaropvolgende jaar, 1974, was de Pieterskerk weer het decor van de lezing.

Menigeen die was uitgenodigd de Huizinga-lezing te houden, maakte met enige gretigheid gebruik van de mogelijkheid zijn of haar voordracht vanaf de preekstoel te houden. De laatste die dit deed, was Carlos Fuentes in 2006. De andere sprekers van wie bekend is dat ze de preekstoel beklommen, zijn Rudy Kousbroek, Karel van het Reve, Harry Mulisch, Michael Howard, Huib Drion, George Steiner, Peter Schat, Susan Sontag, Jorge Semprún en Dame Antonia Byatt.



De teksten van de Huizinga-lezing zijn uitgegeven door respectievelijk De Harmonie (1972-1974), Het Wereldvenster (1976-1978), Athenaeum-Polak & Van Gennep (1979-1984), Uitgeverij Prometheus/Bert Bakker (1985-2013) en, vanaf 2014, Elsevier Boeken. Niet alle lezingen zijn in boekvorm uitgegeven, zoals blijkt uit onderstaande lijst. En de lezing van Jean-François Revel (1975) verscheen pas in druk in 1987, toen uitgever Mai Spijkers van Prometheus/Bert Bakker de eerder genoemde bundel *'Alle cultuur is streven'* uitbracht. Het was ook Spijkers die zich vanaf 1984 met groot enthousiasme en liefde bijna drie decennia lang over de publicatie van de tekstboekjes ontfermde.

## OVERZICHT VAN DE LEZINGEN

Eerste Huizinga-lezing (1972):
**Rudy Kousbroek** (1929-2010), 'Ethologie en cultuurfiloso-

fie', uitgesproken op vrijdag 8 december 1972 in de Pieterskerk te Leiden. In boekvorm verschenen bij De Harmonie (Amsterdam, 1973); ISBN 90-6169-026-9.

Tweede Huizinga-lezing (1973):
**Mary McCarthy** (1912-1989), *'Can there be a Gothic literature?'*, uitgesproken op vrijdag 7 december 1973 in de aula van de Gorlaeus Laboratoria te Leiden. In boekvorm verschenen bij De Harmonie (Amsterdam, 1975); ISBN 90-6169-039-0. De Nederlandstalige versie, 'Bestaat er een gotische literatuur?', verscheen bij Uitgeverij Bert Bakker, in de bundel *'Alle cultuur is streven'* en werd vertaald uit het Engels door Martine Vosmaer; ISBN 90-351-0567-2.

Derde Huizinga-lezing (1974):
**Jan Pen** (1921-2010), 'De cultuur, het geld en de mensen', uitgesproken op vrijdag 20 december 1974 in de Pieterskerk te Leiden. In boekvorm verschenen bij De Harmonie (Amsterdam, 1975); ISBN 90-6169-055-2.

Vierde Huizinga-lezing (1975):
**Jean-François Revel** (1924-2006), *'La Tentation totalitaire'*, uitgesproken op vrijdag 12 december 1975 in de Pieterskerk te Leiden. De Nederlandstalige versie, 'De totalitaire verleiding', verscheen bij Uitgeverij Bert Bakker, in de bundel *'Alle cultuur is streven'* en werd vertaald uit het Frans door Josine Fonderie; ISBN 90-351-0567-2

Vijfde Huizinga-lezing (1976):
**Paul Arthur Lehning** (1899-2000), 'Over vrijheid en gelijk-

heid', uitgesproken op vrijdag 10 december 1976 in de Pieterskerk te Leiden. In boekvorm verschenen bij Het Wereldvenster (Baarn, 1977); ISBN 90-293-9641-5.

Zesde Huizinga-lezing (1977):
**Noam Chomsky** (1928), *'Intellectuals and the State'*, uitgesproken op vrijdag 9 december 1977 in de Pieterskerk te Leiden. In boekvorm verschenen bij Het Wereldvenster (Baarn, 1977), met een vertaling uit het Engels door Gerda Telgenhof. *De intellectuelen en de staat*; ISBN 90-293-9671-7.



Zevende Huizinga-lezing (1978):
**Karel van het Reve** (1921-1999), 'Literatuurwetenschap: het raadsel der onleesbaarheid', uitgesproken op vrijdag 8 december 1978 in de Hooglandse Kerk te Leiden. In boekvorm verschenen bij Het Wereldvenster (Baarn, 1979); ISBN 90-293-9701-2.

Achtste Huizinga-lezing (1979):
**Golo Mann** (1909-1994), *'1914-1918: ein Überblick'*, uitgesproken op vrijdag 7 december 1979 in de Hooglandse Kerk te Leiden. In boekvorm verschenen bij Athenaeum-Polak & Van Gennep (Amsterdam, 1980), met een vertaling uit het Duits door Theodor Duquesnoy. *1914-1918, in vogelvlucht*; ISBN 90-253-8117-0.

Negende Huizinga-lezing (1980):
**Ernst H. Kossmann** (1922-2003), 'Over conservatisme', uitgesproken op vrijdag 12 december 1980 in de Hooglandse

Kerk te Leiden. In boekvorm verschenen bij Athenaeum-Polak & Van Gennep (Amsterdam, 1980); ISBN 90-253-8121-9.

Tiende Huizinga-lezing (1981):
**Stefan Themerson** (1910-1988), *'A Chair of Decency'*, uitgesproken op vrijdag 11 december 1981 in de Hooglandse Kerk te Leiden. In boekvorm verschenen bij Athenaeum-Polak & Van Gennep (Amsterdam, 1982), met een vertaling uit het Engels door Nicolaas Matsier. *Een leerstoel in fatsoen*; ISBN 90-253-8125-1.



Elfde Huizinga-lezing (1982):
**Renate Rubinstein** (1929-1990), 'Links en rechts in de politiek en in het leven', uitgesproken op vrijdag 10 december 1982 in de Hooglandse Kerk te Leiden. In boekvorm verschenen bij Athenaeum-Polak & Van Gennep (Amsterdam, 1983); ISBN 90-253-8128-6.

Twaalfde Huizinga-lezing (1983):
**Robert Darnton** (1939), *'The Meaning of Mother Goose'*, uitgesproken op vrijdag 9 december 1983 in de Pieterskerk te Leiden. In boekvorm verschenen bij Athenaeum-Polak & Van Gennep (Amsterdam, 1984), met een vertaling uit het Engels door Theodor Duquesnoy. *De betekenis van Moeder de Gans: geschiedenis met een etnografische inslag*; ISBN 90-253-8130-8.

Dertiende Huizinga-lezing (1984):
**Harry Mulisch** (1927-2010), 'Het Ene', uitgesproken op vrij-

dag 7 december 1984 in de Pieterskerk te Leiden. In boekvorm verschenen bij Athenaeum-Polak & Van Gennep (Amsterdam, 1984); ISBN 90-253-8132-4.

Veertiende Huizinga-lezing (1985):
**Michael Howard** (1941), *'1945: End of an Era?'*, uitgesproken op vrijdag 13 december 1985 in de Pieterskerk te Leiden. In boekvorm verschenen bij Uitgeverij Bert Bakker (Amsterdam, 1986), vertaald uit het Engels door Peter Bergsma. *1945: einde van een tijdperk?*; ISBN 90-351-0352-1.



Vijftiende Huizinga-lezing (1986):
**Huib Drion** (1917-2004), 'Eliteproblemen', uitgesproken op vrijdag 12 december 1986 in de Pieterskerk te Leiden. In boekvorm verschenen bij Uitgeverij Bert Bakker (Amsterdam, 1987); ISBN 90-351-0468-4.

Zestiende Huizinga-lezing (1987):
**George Steiner** (1929), *'Through a Glass Darkly'*, uitgesproken op 11 december 1987 in de Pieterskerk te Leiden. In boekvorm verschenen bij Uitgeverij Bert Bakker (Amsterdam, 1988), vertaald uit het Engels door Peter Bergsma. *Door een spiegel, in raadselen*; ISBN 90-351-0613-X.

Zeventiende Huizinga-lezing (1988):
**Peter Schat** (1935-2003), 'Adem, een vergelijking', uitgesproken op vrijdag 2 december 1988 in de Pieterskerk te Leiden. In boekvorm verschenen bij Uitgeverij Bert Bakker (Amsterdam, 1989); ISBN 90-351-0755-1.

Achttiende Huizinga-lezing (1989):
**Susan Sontag** (1933-2004), *'Traditions of the New or: Must We Be Modern?'*, uitgesproken op vrijdag 8 december 1989 in de Pieterskerk te Leiden. In boekvorm verschenen bij Uitgeverij Bert Bakker (Amsterdam, 1990), vertaald uit het Engels door René Kurpershoek. *Tradities van het nieuwe, of: Moeten wij modern zijn?*; ISBN 90-351-0914-7.



Negentiende Huizinga-lezing (1990):
**Gerrit Komrij** (1944-2012), 'Over de noodzaak van tuinieren', uitgesproken op vrijdag 7 december 1990 in de Pieterskerk te Leiden. In boekvorm verschenen bij Uitgeverij Bert Bakker (Amsterdam, 1991); ISBN 90-351-1055-2.

Twintigste Huizinga-lezing (1991):
**Joseph Brodsky** (1940-1996), *'In praise of Clio'*, uitgesproken op vrijdag 13 december 1991 in de Pieterskerk te Leiden. In boekvorm verschenen bij Uitgeverij Bert Bakker (Amsterdam, 1992), vertaald uit het Engels door René Kurpershoek. *Loflied op Clio*; ISBN 90-351-1154-0.

Eenentwintigste Huizinga-lezing (1992):
**Eddy de Jongh** (1931), 'Kunst en het vruchtbare misverstand', uitgesproken op vrijdag 11 december 1992 in de Pieterskerk te Leiden. In boekvorm verschenen bij Uitgeverij Bert Bakker (Amsterdam, 1993); ISBN 90-351-1247-4.

Tweeëntwintigste Huizinga-lezing (1993):
**Christian Graf von Krockow** (1927-2002), *'Schwierige Nähe zur Geschichte und Zukunft der Deutsch-Niederlän-*

*dischen Beziehungen'*, uitgesproken op vrijdag 10 december 1993 in de Pieterskerk te Leiden. In boekvorm verschenen bij Uitgeverij Bert Bakker (Amsterdam, 1994), vertaald uit het Duits door Peter Michielsen. *Moeilijk nabuurschap: over de geschiedenis en toekomst van de Duits-Nederlandse betrekkingen*; ISBN 90-351-1377-2.



Drieëntwintigste Huizinga-lezing (1994):
**Arie Th. van Deursen** (1931-2011), 'Huizinga en de geest der eeuw', uitgesproken op vrijdag 9 december 1994 in de Pieterskerk te Leiden. In boekvorm verschenen bij Uitgeverij Bert Bakker (Amsterdam, 1994); ISBN 90-351-1524-4.

Vierentwintigste Huizinga-lezing (1995):
**Nadine Gordimer** (1923-2014), *'Our Century'*, uitgesproken op vrijdag 8 december 1995 in de Pieterskerk te Leiden. In boekvorm verschenen bij Uitgeverij Bert Bakker (Amsterdam, 1996), vertaald uit het Engels door Peter Bergsma. *Onze eeuw*; ISBN 90-351-1708-5.

Vijfentwintigste Huizinga-lezing (1996):
**Henk L. Wesseling** (1937), 'Zoekt prof. Huizinga eigenlijk niet zichzelf? Huizinga en de geest van de jaren dertig', uitgesproken op vrijdag 13 december 1996 in de Pieterskerk te Leiden. In boekvorm verschenen bij Uitgeverij Bert Bakker (Amsterdam, 1996); ISBN 90-351-1852-9.

Zesentwintigste Huizinga-lezing (1997):
**Richard Holmes** (1945), *'Biography and death'*, uitgesproken op vrijdag 12 december 1997 in de Pieterskerk te Leiden.

In boekvorm verschenen bij Uitgeverij Bert Bakker (Amsterdam, 1997), vertaald uit het Engels door Peter Bergsma. *De biografie en de dood*; ISBN 90-351-1978-9.

Zevenentwintigste Huizinga-lezing (1998):
**Louise O. Fresco** (1952), 'Schaduwdenkers en Lichtzoekers', uitgesproken op vrijdag 18 december 1998 in de Pieterskerk te Leiden. In boekvorm verschenen bij Uitgeverij Bert Bakker (Amsterdam, 1998); ISBN 90-351-2057-4.



Achtentwintigste Huizinga-lezing (1999):
**Jorge Semprún** (1923-2011), *'Fin de siècle, début du millénaire'*, uitgesproken op vrijdag 17 december 1999 in de Pieterskerk te Leiden. In boekvorm verschenen bij Uitgeverij Bert Bakker (Amsterdam, 1999), vertaald uit het Frans door Michel de Groot. *Einde van de eeuw, begin van een millennium*; ISBN 90-351-2197-X.

Negenentwintigste Huizinga-lezing (2000):
**Ian Buruma** (1951), 'De neoromantiek van schrijvers in exil', uitgesproken op vrijdag 15 december 2000 in de Pieterskerk te Leiden. In boekvorm verschenen bij Prometheus/NRC Handelsblad (Amsterdam/Rotterdam, 2000); ISBN 90-446-0028-1.

Dertigste Huizinga-lezing (2001):
**Wendy Doniger** (1940), *'Homo Ludens and Gallows humor about the Holocaust and terrorism'*, uitgesproken op vrijdag 14 december 2001 in de Pieterskerk te Leiden. In boekvorm verschenen bij Prometheus/NRC Handelsblad (Amsterdam/

Rotterdam, 2001), vertaald uit het Engels door Barbara de Lange, met een inleiding van Marc Chavannes. *Holocaust, terreur en galgenhumor*; ISBN 90-446-0162-8.

Eenendertigste Huizinga-lezing (2002):
**Benno Barnard** (1954), 'Tegen de draad van de tijd: over de ware aard van Europa', uitgesproken op vrijdag 13 december 2002 in de Pieterskerk te Leiden. Niet in boekvorm verschenen.



Tweeëndertigste Huizinga-lezing (2003):
**Abram de Swaan** (1942), 'Moord en de staat', uitgesproken op vrijdag 19 december 2003 in de Pieterskerk te Leiden. In boekvorm verschenen bij Uitgeverij Bert Bakker (Amsterdam, 2003); ISBN 90-351-2659-9.

Drieëndertigste Huizinga-lezing (2004):
**Dame Antonia Byatt** (1936), *'From soul to heart to psyche to personality'*, uitgesproken op vrijdag 17 december 2004 in de Pieterkerk te Leiden. Niet in boekvorm verschenen.

Vierendertigste Huizinga-lezing (2005):
**Elmer Schönberger** (1950), 'Het grote luisteren', uitgesproken op vrijdag 16 december 2005 in de Pieterskerk te Leiden. Niet in boekvorm verschenen.

Vijfendertigste Huizinga-lezing (2006):
**Carlos Fuentes** (1928-2012), *'The Two Traditions: La Mancha and Waterloo'*, uitgesproken op vrijdag 15 december

2006 in de Pieterskerk te Leiden. Niet in boekvorm verschenen.

Zesendertigste Huizinga-lezing (2007):
**Tijs Goldschmidt** (1953), 'Doen alsof je doet alsof', uitgesproken op 14 december 2007 in de Pieterskerk te Leiden. In boekvorm verschenen bij Prometheus/NRC Handelsblad (Amsterdam/Rotterdam, 2008); ISBN 978-90-446-1184-7.



Zevenendertigste Huizinga-lezing (2008):
**Christopher Bayly** (1945), *'The age of revolution in the wider world, 1780-1830, and its heritage'*, uitgesproken op vrijdag 19 december 2008 in de Pieterskerk te Leiden. In boekvorm verschenen bij Prometheus/NRC Handelsblad (Amsterdam/Rotterdam, 2008), vertaald uit het Engels door Mario Molegraaf. *Wereldwijde revolutie en de globalisering die volgde*; ISBN 978-90-446-1368-1.

Achtendertigste Huizinga-lezing (2009):
**Marita Mathijsen** (1944), 'Historische sensatiezucht: over de moraal van de geschiedenis', uitgesproken op vrijdag 18 december in de Pieterskerk te Leiden. In boekvorm verschenen bij Prometheus/NRC Handelsblad (Amsterdam/Rotterdam, 2010); ISBN 978-90-446-1616-3.

Negenendertigste Huizinga-lezing (2010):
**Lisa Jardine** (1944), *'The aftermath of Homo Ludens: From Huizinga to Zemon Davis and beyond'*, uitgesproken op vrijdag 10 december 2010 in de Pieterskerk te Leiden. In boekvorm verschenen bij Prometheus/NRC Handelsblad (Amster-

dam/Rotterdam, 2011), vertaald uit het Engels door Mario Molegraaf. *Hoe 'Homo Ludens' voortleeft: van Huizinga tot Zemon Davis en daarna*; ISBN 978-90-446-1778-8.

Veertigste Huizinga-lezing (2011):
**Simon Schama** (1945), *'What happened to the idea of toleration?'*, uitgesproken op vrijdag 9 december 2011 in de Pieterskerk te Leiden. In boekvorm verschenen bij Uitgeverij Bert Bakker (Amsterdam, 2012), vertaald uit het Engels door Mario Molegraaf. *Waar is de tolerantie gebleven?*; ISBN 978-90-351-3760-8.



Eenenveertigste Huizinga-lezing (2012):
**Geert van Istendael** (1947), 'De parochie van Sint-Precarius', uitgesproken op vrijdag 14 december 2012 in de Pieterskerk te Leiden. In boekvorm verschenen bij Uitgeverij Bert Bakker (Amsterdam, 2013); ISBN 978-90-351-3991-6.

Tweeënveertigste Huizinga-lezing (2013):
**Bas Heijne** (1960), 'De betovering van de wereld', uitgesproken op vrijdag 13 december 2013 in de Pieterskerk te Leiden. In boekvorm verschenen bij Prometheus (Amsterdam, 2013); ISBN 978-90-446-2637-7.

# REGISTER

# OVER DE AUTEURS



**Fik Meijer** (1942) is emeritus hoogleraar Oude Geschiedenis aan de Universiteit van Amsterdam. Hij studeerde klassieke letteren en oude geschiedenis aan de Universiteit Leiden, waar hij in 1973 promoveerde. Hij publiceerde uitvoerig over de Griekse en Romeinse geschiedenis, waaronder *De Middellandse zee. Een persoonlijke geschiedenis*, *Paulus. Een leven tussen Jeruzalem en Rome* en *Twee steden. Opkomst van Constantinopel, neergang van Rome (330-608)*.

**Ineke Sluiter** (1959) is classicus en hoogleraar Grieks aan de Universiteit Leiden. In 2010 won zij de Spinozaprijs. Zij heeft gepubliceerd over veel aspecten van de Oudheid, recent in het Nederlands *Socrates* (Elementaire Deeltjes 3), Amsterdam University Press 2014.

# OVER DE HUIZINGA-LEZING



*Denken over Carthago. De erfenis van Duilius* is de tekst van de drieënveertigste Huizinga-lezing, die op vrijdag 12 december 2014 werd uitgesproken door Fik Meijer in de Pieterskerk te Leiden.

De Huizinga-lezing wordt jaarlijks in samenwerking georganiseerd door de Faculteit der Geesteswetenschappen van de Universiteit Leiden, de Maatschappij der Nederlandse letterkunde, *Elsevier* en in 2014 het Rijksmuseum van Oudheden in Leiden. De lezing is mede mogelijk gemaakt door de gemeente Leiden.